电动汽车结构原理与维修

CONSTRUCTION AND MAINTENANCE OF ELECTRIC VEHICLES

于海东 主编

北京理工大学出版社
BEIJING INSTITUTE OF TECHNOLOGY PRESS

版权专有　侵权必究

图书在版编目（CIP）数据

电动汽车结构原理与维修 / 于海东主编 . —北京：北京理工大学出版社，2019.1
ISBN 978-7-5682-6535-5

Ⅰ．①电… Ⅱ．①于… Ⅲ．①电动汽车 - 结构②电动汽车 - 车辆修理 Ⅳ．① U469.72

中国版本图书馆 CIP 数据核字（2018）第 289104 号

出版发行 / 北京理工大学出版社有限责任公司	
社　　址 / 北京市海淀区中关村南大街 5 号	
邮　　编 / 100081	
电　　话 /（010）68914775（总编室）	
（010）82562903（教材售后服务热线）	
（010）68948351（其他图书服务热线）	
网　　址 / http://www.bitpress.com.cn	
经　　销 / 全国各地新华书店	
印　　刷 / 雅迪云印（天津）科技有限公司	
开　　本 / 787 毫米 ×1092 毫米　1/16	责任编辑 / 张鑫星
印　　张 / 14.25	文案编辑 / 张鑫星
字　　数 / 335 千字	责任校对 / 周瑞红
版　　次 / 2019 年 1 月第 1 版　2019 年 1 月第 1 次印刷	责任印制 / 李志强
定　　价 / 89.00 元	

图书出现印装质量问题，请拨打售后服务热线，本社负责调换

我国电动汽车行业在国家新能源政策及市场的双重支持下，经过十余年的飞速发展，形成了从上游原材料供应到中游动力电池、整车控制器、整车设计制造，再到下游充电设施基础建设等一套完整的产业链。在这样的实力背景下，中国已经成为全球最大的电动汽车市场。

在我国政策和市场的双重支持下，国内电动汽车市场呈现出一片繁荣的景象，北汽、比亚迪、吉利、广汽、长安、江淮等一批车企推出了各自的电动汽车。电动汽车作为未来发展趋势，尽管目前还有诸多不足，如续航里程短、充电时间长、充电站相对较少等，但作为汽车后市场从业人员必须尽快了解、掌握电动汽车的基本构造与维修方法。

本书先是以彩色高清大图形式详解目前主流电动汽车各系统基本组成及简单原理；再对各系统常见维修要点进行图解，图片重点展示维修更换操作要点，此部分对相关图片进行合理处理，拆装更换要点更加突出，使读者能更清晰准确地定位目标；最后精选了各系统常见故障的诊断和排除方法，做到结构原理、拆装更换、故障排除有机结合三位一体。

本书选择的车型均为目前各品牌常见新能源车型，高端车型方面有宝马 i8/i3 纯电动、特斯拉 S；中端车型选择普锐斯混动、雅阁 / 思铂睿、卡罗拉 / 雷凌混动、凯美瑞混动等；常见国产车型选择北汽 EV/EU 系列、比亚迪 e5/e6、吉利 EV300、吉利帝豪 PHEV、知豆、奇瑞新能源、广汽新能源等。

本书可作为汽车维修从业人员学习电动汽车机构及维修知识使用，也可作为各类汽车院校新能源专业教学参考使用，还适合对电动汽车感兴趣的汽车爱好者阅读使用。

本书由凌凯汽车技术组织编写，于海东主编。参加编写的还有邓家明、陈海波、刘青山、王世根、张捷辉、杨廷银、谭强、谭敦才、李娟、邓冬梅、邓鑫、李德峰、杨莉、李凡等。

由于编者水平有限，书中难免有不当之处，敬请广大读者批评指正。

编 者

目录

第 1 章 电动汽车基础 … 1

1.1 新能源汽车的定义、分类及发展 …………… 1
1.1.1 新能源汽车的定义及分类 …… 1
1.1.2 电动汽车 EV（Electric Vehicle）的定义 …………… 1
1.1.3 电动汽车的发展 …………… 3

1.2 电动汽车基本结构 …… 6

1.3 电动汽车高压安全与防护 …………………… 10
1.3.1 高压电 …………………… 10
1.3.2 电动汽车中的高压标识 …… 11
1.3.3 电动汽车高压断开方法 …… 12

1.4 电动汽车常用维修工具 …………………… 15
1.4.1 防护与绝缘工具 ………… 15
1.4.2 绝缘工具的检查 ………… 16

第 2 章 电动汽车动力电池 ………… 22

2.1 电动汽车动力电池分类及简单工作原理 ……… 22
2.1.1 电池分类 …………………… 22
2.1.2 动力电池及技术参数 ……… 22
2.1.3 动力电池分类及基本原理 … 25

2.2 常见电动汽车动力电池 …………………… 30
2.2.1 丰田混合动力车型 ………… 31
2.2.2 比亚迪 e6 ………………… 31
2.2.3 北汽 EV200 ………………… 32
2.2.4 荣威 E50 ………………… 32
2.2.5 广汽新能源 AG …………… 33
2.2.6 特斯拉 S ………………… 34
2.2.7 宝马 i8/i3 ………………… 34
2.2.8 吉利帝豪 EV300 ………… 35
2.2.9 吉利帝豪 PHEV（插电混动） ………………… 35
2.2.10 知豆城市微行电动车 …… 36

2.3 动力电池管理系统 …… 37
2.3.1 动力电池管理系统的结构及原理 ………………… 38

2.3.2 动力电池管理系统功能分析 …… 40

2.4 动力电池的更换 …… 41

2.4.1 比亚迪 e6 动力电池拆卸要点 …… 41
2.4.2 吉利帝豪 EV300 动力电池更换 …… 47
2.4.3 吉利帝豪 PHEV 动力电池更换 …… 49
2.4.4 北汽 EU260 快换动力电池 …… 51

2.5 动力电池系统常见故障诊断与排除 …… 54

2.5.1 动力电池单体电池故障 …… 54
2.5.2 动力电池断路故障诊断与排除 …… 55
2.5.3 动力电池温度异常故障诊断与排除 …… 56
2.5.4 动力电池绝缘、充电故障诊断与排除 …… 60

第 3 章 高压配电系统 …… 61

3.1 高压配电系统的作用、组成 …… 61

3.2 常见电动汽车高压配电系统 …… 64

3.2.1 吉利帝豪 EV300 …… 64
3.2.2 吉利帝豪 PHEV …… 65
3.2.3 比亚迪 e6、e5 …… 66
3.2.4 北汽新能源 …… 68
3.2.5 荣威 E50 …… 69
3.2.6 知豆微行电动汽车 …… 71
3.2.7 奇瑞 QQ EV …… 71
3.2.8 长安逸动 EV …… 72
3.2.9 广汽传祺 GE3 …… 73
3.2.10 宝马新能源 …… 74

3.3 高压配电系统的更换 …… 75

3.3.1 分线盒的拆装要点 …… 75
3.3.2 驱动电机三相线束的更换要点 …… 77
3.3.3 直流母线的更换要点 …… 78
3.3.4 吉利帝豪 PHEV 分线盒总成的更换 …… 79
3.3.5 比亚迪 e6 高压配电箱的拆装 …… 81

3.4 高压配电系统常见故障诊断与排除 …… 84

3.4.1 高压配电系统故障两例 …… 84
3.4.2 高压配电系统常见故障诊断 …… 85

第 4 章 驱动系统与驱动电机 …… 91

4.1 电动汽车中驱动系统概述 …… 91

- 4.1.1 混合动力汽车驱动系统 …… 91
- 4.1.2 电动汽车驱动系统 ………… 93

4.2 电动汽车对电机的要求及电机分类 ………… 96

- 4.2.1 电动汽车对驱动电机的要求 ……………………… 96
- 4.2.2 电机的类型及特点 ………… 97

4.3 常见电动汽车驱动 ………… 100

4.4 驱动电动机控制器 ………… 108

- 4.4.1 电机控制器的作用及组成 … 108
- 4.4.2 常见电动汽车电机控制器 … 110

4.5 电动车单速变速器（减速器）………… 119

4.6 驱动系统维修要点与常见故障诊断和排除 ………… 122

- 4.6.1 驱动系统维修要点 ………… 122
- 4.6.2 驱动系统常见故障诊断与排除 ……………………… 130

第 5 章 冷却系统 … 137

5.1 冷却系统概述 ………… 137

- 5.1.1 电动汽车冷却系统的基本原理 …………………… 137
- 5.1.2 电动汽车冷却系统基本组成 …………………… 139

5.2 动力电池冷却系统 ………… 141

- 5.2.1 动力电池冷却系统的作用 … 141
- 5.2.2 动力电池冷却形式 ………… 141

5.3 驱动电机、控制器冷却系统 ………… 149

- 5.3.1 电机冷却系统分类 ………… 150
- 5.3.2 常见车型电机冷却系统 …… 150

5.4 冷却系统零部件的更换 ………… 161

- 5.4.1 吉利帝豪 PHEV 动力电池冷却液泵的更换 ………… 161
- 5.4.2 吉利帝豪 PHEV 动力电池进出水管的更换 ………… 162
- 5.4.3 吉利帝豪 PHEV 电机控制器冷却液泵的更换 ………… 163
- 5.4.4 比亚迪 e6 冷却系统冷却液的排放及加注 ………… 164
- 5.4.5 比亚迪 e6 驱动电机冷却液泵的更换要点 ………… 165
- 5.4.6 比亚迪 e6 驱动电机冷却液温度传感器的更换要点 … 166
- 5.4.7 吉利帝豪 EV300 高压组件冷却液泵的更换要点 …… 167
- 5.4.8 吉利帝豪 EV300 散热器出水管

更换 …………………… 168
5.4.9 吉利帝豪 EV300 散热器进水管的更换要点 …………… 169

5.5 冷却系统常见故障诊断与排除 …………… 169

5.5.1 冷却系统故障诊断 ………… 169
5.5.2 电动冷却液泵检测与维修 … 170
5.5.3 电机过热故障诊断与排除 … 170
5.5.4 MCU 控制器过热故障诊断与排除 ………………………… 170
5.5.5 冷却系统引起的电机过热被限速 9 km/h 故障案例 …… 170

第 6 章 电动汽车充电系统 …………… 174

6.1 电动汽车充电系统 …………… 174

6.1.1 充电系统概述 ……………… 174
6.1.2 充电接口 …………………… 178

6.2 常见车型充电系统 …………… 181

6.3 充电系统维修要点 …………… 189

6.3.1 比亚迪 e6 充电接口的更换要点 ………………………… 189
6.3.2 吉利帝豪 EV300 充电系统维修更换要点 ……………… 191

第 7 章 电动汽车电气系统 …………… 196

7.1 电动汽车电路图识读 …………… 196

7.1.1 电动汽车电路识读一般方法 ………………………… 196
7.1.2 吉利帝豪 EV300 电路图识读 ………………………… 199

7.2 电动汽车空调系统 …………… 205

7.2.1 电动汽车空调制冷系统 …… 205
7.2.2 电动汽车空调送风系统 …… 209
7.2.3 电动汽车空调制暖系统 …… 211

7.3 电动汽车转向系统 …………… 212

7.4 电动汽车电动制动系统 …………… 215

参考文献 …………… 218

第 1 章 电动汽车基础

1.1 新能源汽车的定义、分类及发展

1.1.1 新能源汽车的定义及分类

2012年6月国务院通过《节能与新能源汽车产业发展规划（2012—2020年）》，对新能源汽车进行了定义和分类。规划指出，新能源汽车是指采用新型动力系统，完全或主要依靠新型能源驱动的汽车。根据《节能与新能源汽车产业发展规划（2012—2020年）》所指新能源汽车主要包括纯电动汽车、插电式混合动力汽车及燃料电池汽车。节能汽车是指以内燃机为主要动力系统，综合工况燃料消耗量优于下一阶段目标值的汽车。

1.1.2 电动汽车 EV（Electric Vehicle）的定义

电动汽车是以电机驱动，从车载电源获得动力并且满足道路交通安全法规的车辆。根据科技部《电动汽车科技发展"十二五"专项规划》，电动汽车按动力电气化水平分为两类：一类是全部或大部分工况下主要由电机提供驱动功率的电动汽车，称为"纯电驱动"电动汽车，例如纯电动汽车、插电式电动汽车、增程式电动汽车以及燃料电池电动汽车；另一类是动力蓄电池容量较小，大部分工况下主要由内燃机提供驱动功率的电动汽车，称为常规混合动力电动汽车。

根据《节能与新能源汽车产业发展规划（2012—2020年）》，表明常规混合动力汽车不是新能源汽车，实际上是一种节能汽车，它没有改变用内燃机作主驱动的设计。电动汽车、节能与新能源汽车的定义的发展过程如表1-1-1所示。

表1-1-1　电动汽车、节能与新能源汽车的定义的发展过程

发布时间	主要政策	名词统称	特征	分类
2001年	"十五""863"计划电动汽车重大专项	电动汽车	—	混合动力汽车、纯电动汽车和燃料电池汽车
2006年	"十一五""863"计划节能与新能源汽车重大专项	节能与新能源汽车	—	混合动力汽车、纯电动汽车和燃料电池汽车
2009年	新能源汽车生产企业及产品准入管理规则	新能源汽车	采用非常规的车用燃料作为动力来源（或使用常规的车用燃料、采用新型车载动力装置），综合车辆的动力控制和驱动方面的先进技术，形成的技术原理先进、具有新技术、新结构的汽车	混合动力汽车，纯电动汽车（BEV，包括太阳能汽车），燃料电池电动汽车（FCEV），氢发动机汽车，其他新能源（如高效储能器、二甲醚）汽车等
2012年	电动汽车科技发展"十二五"专项规划	电动汽车	以电机驱动，从车载电源获得动力，并且满足道路交通安全法规的车辆	纯电动汽车、插电式电动汽车、增程式电动汽车、燃料电池电动汽车、常规混合动力电动汽车
2012年	节能与新能源汽车产业发展规划（2012—2020年）	新能源汽车	采用新型动力系统，完全或主要依靠新型能源驱动的汽车	纯电动汽车、插电式混合动力汽车及燃料电池汽车
2016年	新能源汽车生产企业及产品准入管理规定2017年7月1日实施	新能源汽车	采用新型动力系统，完全或主要依靠新型能源驱动的汽车	纯电动汽车、插电式混合动力（含增程式）汽车、燃料电池汽车；删除了2009版《规则》中的混合动力汽车，氢发动机汽车，其他新能源（如高效储能器、二甲醚）汽车等
2016年	2009年的《新能源汽车生产企业及产品准入管理规定》废止	废止		

1.1.3 电动汽车的发展

1. 国外电动汽车的发展

1834年，美国人托马斯制造出第一辆用直流电动机驱动的电动车，由一组不可充电的干电池驱动，只能行驶一小段距离；1835年，荷兰教授Stratingh设计了一款小型电动车；1839年，苏格兰州罗伯特使用了不可充电蓄电池制造了第一辆纯电动汽车。1867年奥地利发明家Franz Kravogl在巴黎世界博览会推出了一款双轮驱动电动车。1881年世界上第一辆可充电电动车出现，发明人为法国工程师古斯塔夫·特鲁夫，该电动车是一辆采用了可充电式铅酸蓄电池为动力源的三轮电动车。1899年5月，世界首辆车速超过100 km/h的电动汽车出现了，速度为105 km/h，比利时人卡米乐设计名为"Jamais Contente（永不满足号）"的铝质车身汽车，炮弹外形，现在保存在法国贡比尼博物馆中。

从19世纪末到20世纪初，在欧美等发达国家的新兴城市里，马车和自行车等交通工具被电动汽车、内燃机车及蒸汽机车所取代，电动汽车进入商业化阶段。英国、法国和美国先后涌现了一批著名的电动汽车制造公司。到1912年，美国约有34 000辆注册的电动汽车，几乎涵盖了各种车型，这一时期也成为早期电动汽车发展的黄金时期。

1885年奔驰终于造出世界上第一辆汽车（单缸水冷立式发动机，排量985 mL，功率0.75马力[①]，最高车速12 mi[②]/h），并于1886年1月29日获得汽车制造专利（注册号：37435，专利人为奔驰公司），这一天被公认为世界首辆汽车诞生日。

电动汽车发展的最初阶段，各国城市的道路发展还没有形成规模化，对电动汽车的续航里程要求相对不高。但是随着各国道路建设的不断发展，电动汽车的不足就逐步显现出来。电动汽车由于每次行驶后都要长时间充电，并且电力设备影响运行距离，因而逐渐被燃油汽车取代。1911年，美国人Kettering发明的燃油汽车起动机使燃油汽车更具有吸引力，这时候电动汽车的发展遭受了一个巨大的挑战。福特公司大规模生产工艺的进步，使每辆福特T型车的价格从1909年的850美元锐减到1925年的260美元，加速了电动汽车的消失。因此，从20世纪30—60年代，电动汽车步入冬眠期。

20世纪70年代初蔓延全球的中东石油危机爆发，一场能源革命随之而来，这场石油危机，使得靠燃油生存的普通汽车面临第一次挑战。对于普通汽车来说，燃油是唯一的驱动能源，没有了石油，汽车就变得"寸步难行"。于是，各国政府和科技人员不得不重新思考和寻找新的能源来替代。由于电动汽车几乎零污染，电动机比内燃机可靠简单，电动机的转速和转矩也比内燃机更易控制等各方面的因素，使得电动汽车又重新走进了各国政府和科研人员的视野。

从20世纪90年代开始，在能源和环境的双重压力下，电动汽车的研究开发再次进入一个活跃期。世界各大汽车制造商纷纷推出各自的电动汽车。在美国，通用、福特、特斯

---

① 1马力=735.499瓦。

② 英里，1 mi=1 609.344 m。

拉等汽车公司，在电动汽车的发展中起着非常重要的作用。在日本，几乎所有的汽车生产商，如丰田、日产、马自达、三菱、铃木、大发、五十菱等汽车公司都制定了各自的商业化电动汽车发展规划。欧洲的许多国家，尤其是法国、德国、意大利和英国都纷纷进入电动汽车市场，其中活跃的汽车公司有雪铁龙、雷诺、宝马、奔驰、奥迪、大众、菲亚特等。

2. 国内电动汽车的发展

除了欧美和日本等国家热衷于电动汽车研发外，我国也开发了具有自主知识产权的电动汽车。相关部门制定了众多鼓励性政策和措施，推动我国电动汽车行业的发展。"十五"期间，我国以开发电动汽车整车技术和关键零部件技术为重点，采取整车牵头、零部件配合、产学研相结合的模式，推动了电动汽车技术的研发。"十一五"期间，国家继续坚持以电动汽车市场为产品开发的导向，以整车为载体，以电动汽车动力系统技术平台为核心，促进企业产品的开发和创新。"十二五"期间，新能源汽车完成了产业化起步阶段的任务，市场增速加快，政策体系基本建立，汽车产业生态基本形成。"十三五"期间，将进一步推进新能源汽车及纯电动汽车市场化发展过程，大力发展电动汽车电力系统储能应用技术研发，实施分布式新能源与电动汽车联合应用示范，推动电动汽车与智能电网、新能源、储能、智能驾驶等同和发展。

在国家政策规划和鼓励下各汽车公司纷纷成立新能源汽车公司，大力发展新能源汽车。

1）比亚迪汽车销售有限公司

目前，比亚迪新能源策略为双驱战略，即公共交通和个人交通全面发展。公共交通领域推广比亚迪自主研发的电动大巴K9，个人市场领域推广插电式混合动力汽车、纯电动汽车。其中，比亚迪K9大巴已经在国内主要城市宝鸡、长沙、西安以及英国、荷兰、哥伦比亚等国家进行了市场化运营。数据显示，2018年7月比亚迪共销售1.88万辆新能源汽车。

2018年比亚迪推出了全新一代唐（图1-1-1），分为燃油版和DM双模插电混动版。同时比亚迪电动汽车还有秦EV450、秦100、宋DM、宋EV450、元EV360、e6等。

图1-1-1　比亚迪唐

2）深圳比亚迪戴姆勒新技术有限公司

深圳比亚迪戴姆勒新技术有限公司（腾势汽车）成立于2010年，公司专注于纯电动汽车的生产，其中汽车动力核心技术由比亚迪提供，车身技术由奔驰提供，合资公司的经营范围主要包括设计研究和开发乘用车。目前，腾势汽车投产的腾势500电动SUV（图1-1-2）可达500 km的续航里程。

图 1-1-2　腾势 500 电动 SUV

3）东风日产乘用车公司

东风日产启辰晨风纯电动车（图1-1-3）累计无故障运行里程已超过了300万km，聆风（图1-1-4）的销量在全球已达到15万辆。

图 1-1-3　启辰晨风纯电动车　　　　　　图 1-1-4　聆风

4）上海汽车集团股份有限公司

上海汽车集团股份有限公司在战略上非常重视新能源汽车市场。2015年上汽集团开拓了十几个新能源汽车市场，就北京市场而言，加大了纯电动汽车的推广。在销售渠道拓展上，将来可能会尝试网络销售，同时也会像业内企业学习，设立专门的新能源汽车体验店。此外，2016年推出新的插电式混合动力车型，2018年推出纯电动汽车，其中包括SUV车型。

5）北京新能源汽车股份有限公司

北京新能源汽车股份有限公司（简称北汽新能源），是一家以环保乘用车为主要经营范围的新能源科技公司，主要产品包括EC180、EU400、EX360、EV160、EH300、物流车等。

成立于 2009 年,经过多年的发展,北汽新能源已掌握整车系统集成与匹配、整车控制系统、电驱动系统三大关键核心技术,旗下多款产品已投入市场或示范运营。目前,北汽新能源已与大洋电动机、普莱德蓄电池、爱思开蓄电池等多家公司展开了战略合作,并与美国 Areva 公司签订了股权认购协议,成为后者的第一大股东。

1.2 电动汽车基本结构

目前大部分电动汽车是在传统汽车基础上进行延伸,其结构与传统汽车最大的区别在于动力系统,增加了动力电池、驱动电机、控制系统等组件,如图 1-2-1 所示。随着电动汽车产业链的逐渐成熟,出现越来越多的针对电动汽车全新平台开发车型,如特斯拉、宝马 i3、日产聆风等。

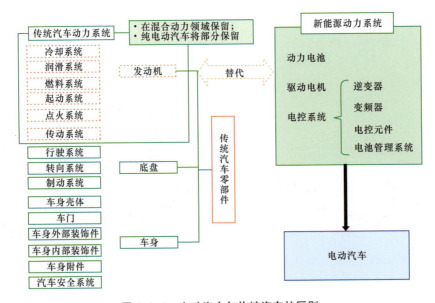

图 1-2-1 电动汽车与传统汽车的区别

1. 驱动电机

驱动电机是电动汽车三大核心部件之一,是车辆行驶的主要执行机构,其特性决定了车辆的主要性能指标,直接影响车辆动力性、经济性和舒适性。电动汽车一般采用三相交流同步电机。宝马 F18 PHEV 插电式混动车型电机安装位置如图 1-2-2 所示。

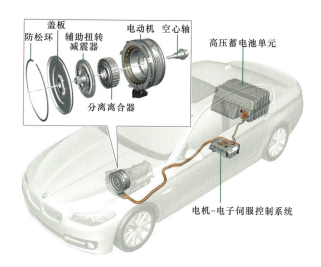

图 1-2-2　宝马 F18 PHEV 插电式混动车型电机安装位置

2. 动力电池

在电动汽车中为车辆提供动力源的电池称为动力电池。动力电池的作用是接收和储存由车载充电机、发电机、制动能量回收装置或外置充电装置提供的高压直流电,并且为电动汽车提供高压直流电。动力电池是纯电动汽车的核心部件,也是电动汽车上价格最高的部件之一,动力电池的性能好坏直接决定了这辆车的实际价值。目前电动汽车的动力电池普遍采用锂电子电池。宝马 F15 PHEV 插电式混动车型采用锂离子动力电池,安装在车辆底部,如图 1-2-3 所示。动力电池由 96 节电压为 3.7 V 的单体锂离子电池组成,动力电池组的额定电压为 355 V。

图 1-2-3　宝马 F15 PHEV 插电式混动车型动力电池安装位置

3. 控制系统

控制系统是新能源汽车的核心，负责在整车行驶过程中接收来自驾驶员的各项操作指令并诊断分析整车及部件状态，综合判断向各个部件控制器发送控制指令，使整车按照驾驶员预期安全行驶。

主要功能：

（1）工况识别；

（2）整车能量管理；

（3）制动能量回收控制功能；

（4）电机转矩控制；

（5）电动辅助部件控制（电动助力转向、电动空调、电动暖风、电动真空泵）；

（6）故障诊断；

（7）系统安全监控等。

4. 电动汽车其他系统构造

1）电动汽车变速器

电动汽车变速器一般采用固定齿轮比的单速变速器，车辆的加减速通过调节驱动电机的转速实现。宝马 X1 PHEV 插电式混动车型后桥采用单速变速器与电动机配合使用，变速器通过螺纹连接在电动机上，并且附于后桥支撑上。12.5:1 的固定齿轮比通过壳式离合器（电动机离合器）将电动机的速度和扭矩传送至后驱动轮，在能量回收过程中，还会回传至电动机。电动汽车单速变速器如图 1-2-4 所示。

图 1-2-4 电动汽车单速变速器

2）电动空调系统

电动汽车的空调系统和传统燃油汽车的空调系统工作原理相同，只是空调压缩机的驱动方式以及暖风产生方式有所不同。电动汽车采用高压电动空调压缩机，由动力电池驱动。暖风通常采用电加热方式，电加热方式有两种：一种是通过加热冷却液，再经过循环为暖水箱提供热量,另一种是直接加热经过蒸发箱的空气实现暖风。电动空调压缩机和 PTC 加热器如图 1-2-5 所示。

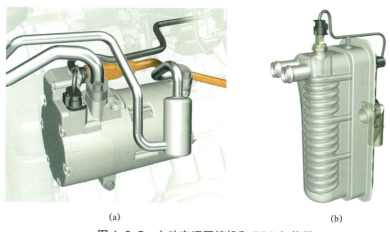

图 1-2-5　电动空调压缩机和 PTC 加热器
(a) 电动空调压缩机；(b) PTC 加热器

3) 电动助力转向系统

传统燃油汽车转向助力泵由发动机驱动。而电动汽车没有发动机或发动机是根据需要才起动的,如果转向助力还是由发动机驱动时,一旦发动机停止工作转向系统将失去助力从而造成很大的安全隐患,因此电动汽车转向系统普遍采用电动助力转向。电动助力转向系统如图 1-2-6 所示。

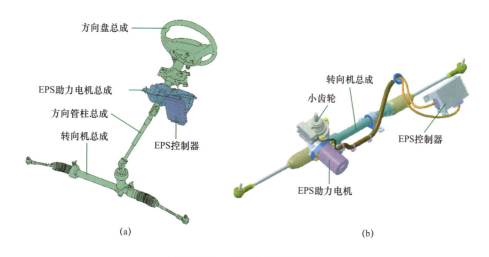

图 1-2-6　电动助力转向系统
(a) 荣威 E50 电动汽车转向系统；(b) 北汽 EV200 电动汽车转向系统

1.3 电动汽车高压安全与防护

1.3.1 高压电

1. 基本概念

依据国家标准《电动汽车安全要求第 3 部分：人员触电防护》（GB/T 18384.3—2015）中人员触电防护要求，根据不同电压等级可能对人体产生的伤害和危险程度不同，在电动汽车中，将电压按照类型和数值分为两个类型，如表 1-3-1 所示。

表 1-3-1 电压的类型和数值

电压级别	工作电压 /V	
	DC（直流）	50～150 Hz AC（交流）
A	$0 < U \leq 60$	$0 < U \leq 25$
B	$60 < U \leq 1\,000$	$25 < U \leq 660$

考虑到空气的湿度和人体在不同工作环境下的电阻，基于安全考虑将车辆电压分为以下安全级别。

A 级：较为安全的电压等级。直流电小于或等于 60 V，交流电（50～150 Hz）低于 25 V，在此电压范围内的维护人员不需要采取特殊的放电保护。

B 级：对人体会产生伤害，被认为是高压。在该电压下必须采取必要的防护设备对维护人员进行保护。

2. 特征

在电动汽车中，低压通常指的是 12 V 电源系统的电气线路，而高压主要指的是动力电池及相关线路的电压。电动汽车的高压具有如下特点：

（1）高压系统的电压一般都设计在 200 V 以上。例如大多数的电动汽车或混合动力汽车的动力电池电压都在 280 V 左右，如图 1-3-1 所示。

（2）高压存在的形式既有直流，也有交流，包括动力电池的直流，也有充电时 220 V 电网交流电以及电动机工作时的三相交流电。

（3）高压系统对绝缘的要求更高，大多数传统汽车上设计的绝缘材料，当电压超过 200 V 时可能就变成了导体，因此在电动汽车上的绝缘材料需要具有更高的绝缘性能。

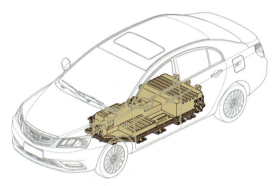

图 1-3-1　帝豪 EV300 动力电池工作电压 274 ～ 411 V

（4）高压系统对正负极距离的要求。12 V 电压情况下，对正负之间的距离需要很近时才会有击穿空气的可能，但是当电压高到 200 V 以上时，正负极之间有一个很大的距离时就会发生击穿空气而导电，也就是我们常说的电弧。

1.3.2　电动汽车中的高压标识

为防止意外触及高压系统，电动汽车对高压部件均采用特殊的标识或颜色，对维修人员或车主给予警示。电动汽车通常采用两种形式进行高压的标识警示，包括高压警示标识和导线颜色。

1. 高压警示标识

每个电动汽车的高压组件壳体上都带有一个标记，售后服务人员或车主均可通过标记直观看出高压可能带来的危险，所用警示牌基于国际标准危险电压警告标志。

如图 1-3-2 所示，高压警示标识采用黄色底色或红色底色，图形上布置有高压触电国家标准。

图 1-3-2　高压警示标识

2. 高压警示颜色

由于高压导线可能有几米长，因此在一处或两处通过警示牌标记意义不大，维修服务人员可能会忽视这些标牌。因此用橙色警示色标记出所有高压导线，高压导线的某些插接器以及高压安全插接器也采用橙色设计，如图 1-3-3 所示。

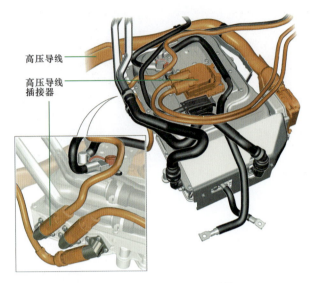

图 1-3-3　橙色高压导线和插接器

1.3.3　电动汽车高压断开方法

电动汽车动力电池单元存在高压，日常检修和维护时需要将高压电断开，因此电动汽车上设计了手动维修开关，手动维修开关连接动力电池内部中间位置，如图 1-3-4 所示。断开手动维修开关可断开动力电池内部串联结构，从而断开高压电输出。比亚迪 e5/e6、吉利帝豪 EV300、荣威 E50 等车型手动维修开关装在动力电池接线盒总成中间表面位置，打开驾驶室内储物盒可操作手动维修开关。

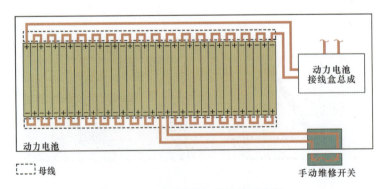

图 1-3-4　手动维修开关连接示意图

1. 比亚迪 e6/e5 手动维修开关的断开

（1）打开车辆驾驶室内储物盒并取出内部物品，如图 1-3-5 所示。

(2)取出储物盒底部隔板,如图 1-3-6 所示。

图 1-3-5 打开储物盒

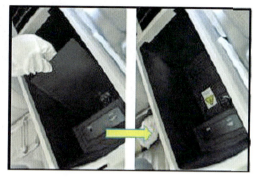
图 1-3-6 取出储物盒底部隔板

(3)如图 1-3-7 所示,使用十字螺丝刀将盖板安装螺钉(4 pcs)拧下,并掀开盖板。

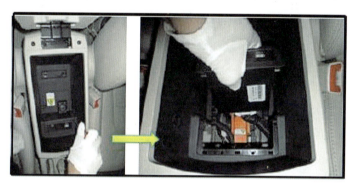
图 1-3-7 拆卸盖板安装螺钉

(4)取出手动维修开关上的盖板,如图 1-3-8 所示。

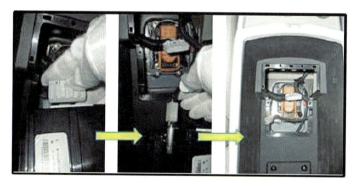
图 1-3-8 取出手动维修开关上的盖板

(5)拉动手动维修开关手柄呈竖直状态,向上提拉,取出手动维修开关,如图 1-3-9 所示。

(6)使用电工绝缘胶布封住手动维修开关插接件母端,如图 1-3-10 所示。

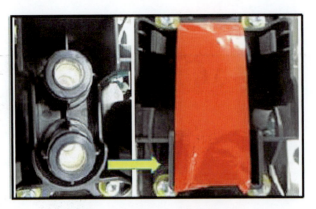

图 1-3-9　取出手动维修开关

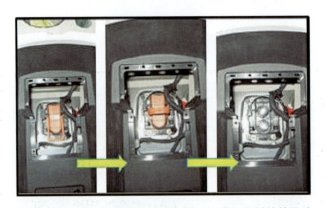

图 1-3-10　用电工绝缘胶布封住手动维修开关插接件母端

2. 吉利帝豪手动维修开关的断开与连接要点

（1）打开前机舱盖，断开蓄电池负极连接线。

（2）在驾驶室内打开主、副驾驶座椅之间的扶手箱盖板，如图 1-3-11 所示。

（3）如图 1-3-12 所示，拆卸扶手箱底部盖板，盖板下即手动维修开关。

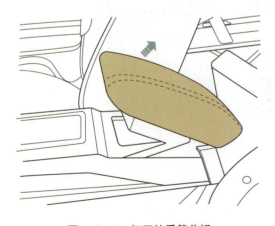

图 1-3-11　打开扶手箱盖板

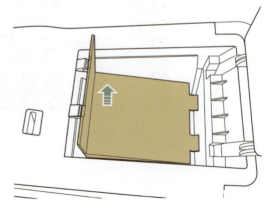

图 1-3-12　拆卸扶手箱底部盖板

（4）如图 1-3-13 所示，拇指按住维修开关把手卡扣，其余手指按住把手，当把手由水平位置到垂直位置时，向上垂直拨出维修开关插头。

（5）使用电工绝缘胶布封住插接器母端，防止异物落入维修插座造成维修开关短路。最后关闭扶手箱盖板，如图 1-3-14 所示。

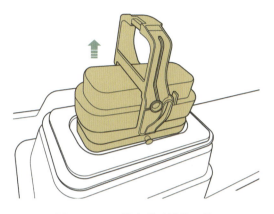 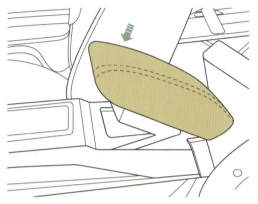

图 1-3-13　拔出手动维修开关　　　　　图 1-3-14　关闭扶手箱盖板

1.4　电动汽车常用维修工具

1.4.1　防护与绝缘工具

高压安全操作必备的防护与绝缘工具如表 1-4-1 所示。

表 1-4-1　高压安全操作必备的防护与绝缘工具

绝缘工具		说明
警示牌	高压危险 请勿靠近	在地面或车辆附近明显位置放置
绝缘手套（绝缘等级为 1 000 V/300 A 以上）		拆除及安装高压部件使用

续表

绝缘工具		说明
防护眼镜		拆除及安装高压部件使用
皮手套		拆除及安装高压部件使用
绝缘鞋		拆除及安装高压部件使用
绝缘帽		拆除及安装高压部件使用
绝缘表		测试高压部件绝缘阻值
绝缘工具	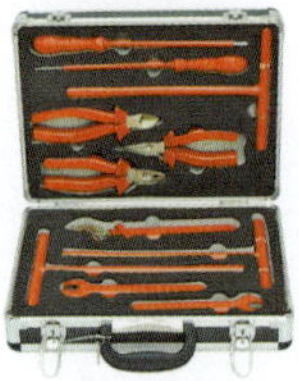	拆除及安装高压部件使用

1.4.2 绝缘工具的检查

1. 绝缘工具的认识

电动汽车存在高电压，因此在对高压系统部件进行维修时必须使用绝缘工具，如图 1-4-1 所示。绝缘工具是采用绝缘材料进行加工并适用于电气系统拆装等操作的使用工具。

电动汽车高压部分零件的拆装必须使用绝缘工具,且绝缘工具必须装有耐压 1 000 V 以上的绝缘柄。

绝缘工具的使用方法与普通工具相同,但是有以下需要特别注意的事项:

(1) 应有专门的工具室存放,室内应通风良好、清洁、干燥。

(2) 如发现绝缘工具损伤或受潮,应及时进行检修和干燥处理,试验合格后方可使用。

(3) 绝缘工具必须按规定定期进行绝缘性能的试验,不符合试验要求的禁止使用。

2. 绝缘手套的检查

绝缘手套是用橡胶、乳胶、塑料等材料制成的,具有防电、防水等功能。高压绝缘手套用于高压电下作业,适用 500~36 000 V 的工作电压。在佩戴绝缘手套之前应先检查其是否泄漏,检查方法如下:

在使用绝缘手套前请按照以下步骤确认绝缘手套无裂纹、磨损以及其他损伤,其检查流程如图 1-4-2 所示。

图 1-4-1 绝缘工具

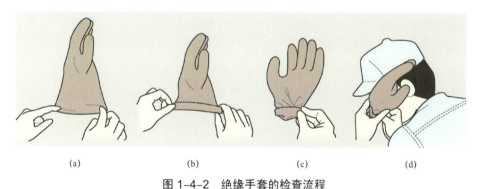

(a) (b) (c) (d)

图 1-4-2 绝缘手套的检查流程

(a) 侧位放置手套;(b) 卷起手套边缘,然后松开 2~3 次;
(c) 折叠一半开口去封住手套;(d) 确认无空气泄漏

也可使用向绝缘手套吹气的方法检查是否磨损和泄漏,如图 1-4-3 所示。

3. 线束绝缘性的检查

电动汽车的运行工况非常复杂,在运行过程中难免会出现部件和导线之间的摩擦、碰撞、挤压等,导致高压电路与车辆之间的绝缘性能下降。电源正负极通过绝缘层和底盘构成漏电回路,并可能造成电气火灾。因此高压电气对车辆底盘的绝缘性是电动汽车的技术关键,在进行电动汽车检查和维护时使用绝缘测试仪检测绝缘性能至关重要。

1）绝缘检查工具介绍

通常检查绝缘的工具有绝缘电阻测试仪，图1-4-4所示为绝缘电阻测试仪。

图1-4-3　吹气法检查绝缘手套

图1-4-4　绝缘电阻测试仪

2）绝缘电阻测试仪使用注意事项

（1）应严格按照使用手册的规定使用，否则可能会破坏测试仪提供的保护措施。

（2）在将测试仪与被测电路连接之前，始终记住要选用正确的端子、开关位置和量程挡。

（3）用测试仪测量已知电压来验证测试仪操作是否正常。

（4）端子之间或任何一个端子与接地点之间施加的电压不能超过测试仪上标明的额定值。

（5）电压在30 V AC（交流有效值）、42 V AC（交流）峰值或60 V DC（直流）以上时应格外小心，这些电压有造成触电的危险。

（6）出现电池低电量指示符时，应尽快更换电池。

（7）测试电阻、连通性、二极管或电容以前，必须先切断电源并将所有的高压电容器放电。

（8）切勿在爆炸性的气体或蒸汽附近使用测试仪。测试导线时，手指应保持在保护装置的后面。

3）测量绝缘电阻的步骤

根据欧洲经济委员会ECE-R100标准，绝缘电阻必须至少为5 000 Ω/V。例如：288 V×5 000 Ω/V=1.44 MΩ，测量工具的测量电压至少要与检测部件的常规工作电压一样高。

表1-4-2所示为电动汽车的高压线束检查，请按表中操作步骤对电动汽车的高压线束

进行检查。

表 1-4-2 电动汽车的高压线束检查

操作步骤	操作说明
将测试探头插入 V 和 COM（公共）输入端子	—
将旋转开关转至所需要的测试电压	—
将探头与待测电路连接，测试仪会自动检测电路是否通电	如果电路中的电压超过 30 V（交流或直流），在主显示位置显示电压超过 30 V 警告的同时，还会显示高压符号。在这种情况下，测试被禁止。在继续操作之前，先断开测试仪的连接并关闭电源
按压测试按钮，此时将获得一个有效的绝缘电阻读数	辅显示位置上显示被测电路上所施加的测试电压。主显示位置上显示高压符号并以 MΩ 为单位显示电阻。显示屏的下端出现测试图标，直到释放测试按钮
继续将探头留在测试点上，然后释放测试按钮，被测电路即开始通过测试仪放电	被测电路即开始通过测试仪放电，主显示位置显示电阻读数，直到开始新的测试或者选择了不同功能或量程，或者检测到了 30 V 以上的电压

4. 高压元件绝缘电阻检查

绝缘测试只能在不通电的电路上进行。图 1-4-5 所示为在车上测试绝缘性能的示意图，黑表笔接车身，红表笔测量电气元件相应的端子。

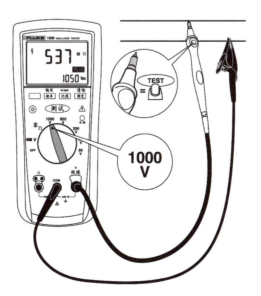

图 1-4-5 在车上测试绝缘性能的示意图

以某车型为例，表 1-4-3 所示为使用绝缘电阻测试仪检查相关电气元件的步骤及标准，使用绝缘电阻测试仪对绝缘性能进行评价。

表 1-4-3　使用绝缘电阻测试仪检查相关电气元件的步骤及标准

高压部件	检测项目	检测方法	标准值
动力电池	动力电池正负极与车身（外壳）绝缘电阻的检测	拔掉高压接线盒动力电池输入线；将钥匙转至 ON 挡；将兆欧表黑表笔接于车身，红表笔逐个测量动力电池正负极端子	动力电池正极绝缘电阻为 ≥ 1.4 MΩ；负极绝缘电阻为 ≥ 1.0 MΩ
车载充电机	车载充电机正负极绝缘电阻的检测	将低压蓄电池负极断开；拔掉高压接线盒插接件；将兆欧表黑表笔接于车身，红表笔逐个测量高压接线盒插接件的 B（正极）和 H（负极）	在环境温度为 21 ℃～25 ℃ 和相对湿度为 45%～75% 时，车载充电机正负极输出与车身（外壳）之间的绝缘阻值 ≥ 1 000 MΩ；在环境温度为 21 ℃～25 ℃ 和相对湿度为 90%～95% 时，车载充电机正负极输出与车身（外壳）之间的绝缘电阻 ≥ 20 MΩ
DC/DC	DC/DC 绝缘电阻的检测	将低压蓄电池负极断开；拔掉高压接线盒插接件；将兆欧表黑笔接于车身，红表笔逐个测量 A（正极）和 G（负极）	在环境温度为 21 ℃～25 ℃ 和相对湿度为 80%～90% 时，高压输入与车身（外壳）绝缘电阻 ≥ 1 000 MΩ；在工作温度 -20 ℃～65 ℃ 和工作湿度 5%～85% 环境下，高压输入与车身（外壳）绝缘阻值 ≥ 20 MΩ
空调压缩机	空调压缩机正负极绝缘电阻的检测	将低压蓄电池负极断开；拔掉高压接线盒插接件；将兆欧表黑表笔接于车身，红表笔逐个测量 C（正极）和 F（负极）	向空调压缩机内充入 50 cm³±1 cm³ 的冷冻机油和 62～64 g 的 HFC-134a 制冷剂后，空调压缩机正负极对车身（外壳）的绝缘电阻 ≥ 5 MΩ；清空空调压缩机内部的冷冻机油后，空调压缩机正负极对车身（外壳）的绝缘阻值 ≥ 50 MΩ

续表

高压部件	检测项目	检测方法	标准值
PTC加热电阻	PTC正负极绝缘阻值的测量	将低压蓄电池负极断开； 拔掉高压接线盒插接件； 将兆欧表黑表笔接于车身，红表笔逐个测量D（正极）和E（负极）	PTC正负极与车身（外壳）绝缘阻值≥500 MΩ
电机控制器和驱动电机	电机控制器、驱动电机正负极输入绝缘阻值的测量	将低压蓄电池负极断开； 拔掉高压接线盒电机控制器输入插接件； 将兆欧表黑表笔接于车身，红表笔逐个测量正负极端子	电机控制器正负极输入端子与车身（外壳）绝缘阻值≥100 MΩ
高压接线盒	高压接线盒正负极绝缘阻值的测量	将低压蓄电池负极断开； 拔掉高压接线盒插接件，动力电池输入插接件，电机控制器输出插接件； 将兆欧表黑笔接于车身，红表笔逐个测量高压接线盒端（动力电池输入，电机控制器输出）	高压接线盒端（动力电池输入，电机控制器输出）与车身（外壳）绝缘阻值为无穷大

第 2 章 电动汽车动力电池

2.1 电动汽车动力电池分类及简单工作原理

2.1.1 电池分类

电池和我们的日常生活息息相关。电池的种类有很多,划分的方法也有多种。按其原理可以分为生物电池、物理电池和化学电池。

(1) 生物电池是利用生物(如生物酶、微生物、叶绿素等)分解反应过程中表现出来的带电现象进行能量转换,主要有微生物电池、酶电池、生物太阳能电池等。

(2) 物理电池是指利用物理原理制成的电池,其特点是能在一定条件下实现直接的能量转换,主要有太阳能电池、飞轮电池、核能电池和温差电池。

(3) 化学电池是利用物质的化学反应发电。化学电池一般由电极(正极和负极)、电解质和外壳(容器)组成。按工作性质分为原电池、蓄电池、燃料电池和储备电池。

目前电动汽车中普遍采用化学电池。

2.1.2 动力电池及技术参数

在电动汽车中为车辆提供动力源的电池称为动力电池。动力电池的作用是接收和储存由车载充电机、发电机、制动能量回收装置或外置充电装置提供的高压直流电,并且为电动汽车提供高压直流电。

动力电池是电动汽车的核心部件,也是电动汽车上价格最高的部件之一。动力电池的性能好坏直接决定了这辆车的实际价值。

电动汽车中动力电池作为整个汽车的动力源,它取代了传统燃油汽车的石油能源,相当于电动汽车的"心脏",为整车提供持续稳定的能量,驱动车辆行驶。

动力电池技术参数如下:

1. 工作电压

工作电压指电池在某负载下实际的放电电压,通常这个电压是指一个电压范围。例如,铅酸蓄电池的工作电压为 1.8～2 V;镍氢电池的工作电压为 1.1～1.5 V;锂离子电池的工作电压为 2.75～3.6 V。工作电压 U_b 等于电池的电动势 E_b 减去放电电流 I_b 与电池内阻 R_b 的积(内阻引起的电压降),即

$$U_b = E_b - I_b R_b$$

2. 额定电压

额定电压(或公称电压),是指该化学体系的电池工作时公认的标准电压。例如,锌锰干电池为 1.5 V,镍镉电池为 1.2 V,铅酸蓄电池为 2 V。

3. 充电电压

充电电压是指外电路直流电对电池充电的电压。一般的充电电压要大于电池的开路电压,通常在一定的范围内,如锂离子电池的充电压为 4.1～4.2 V;铅酸蓄电池的充电压为 2.25～2.5 V。

4. 放电终止电压

放电终止电压指放电终止时的电压值,视负载和使用要求不同而异。以铅酸蓄电池为例,电动势为 2.1 V,额定电压为 2 V,开路电压接近 2.15 V,工作电压为 1.8～2 V,放电终止电压为 1.5～1.8 V(放电终止电压根据放电率的不同,其终止电压也不同)。

5. 电池内阻

电池内阻是指电池的内部电阻,包括电极板的电阻,电解液、隔板和连接体的电阻等,内阻的单位为 Ω(欧姆)。

6. 容量

容量是指电池在允许放电范围内所能输出的电量，单位为库伦（C）或安·时（A·h），容量用来表示动力电池的放电能力。在不同条件下，动力电池所能输出的电量（容量）是不同的。

额定容量：是指生产电池时，动力电池在规定的条件下所能输出的电量。额定容量是制造厂标明的动力电池容量。

7. 能量

动力电池的能量是指在一定的放电条件下，动力电池所输出的电能，单位为 W·h（瓦时）或 kW·h（千瓦时）。动力电池的能量表示其供电能力，是反映动力电池综合性能的重要参数。

标称能量：是指在一定的放电条件下动力电池所能输出的电能。动力电池的标称能量是其额定容量与额定电压的乘积。

实际能量：是指在一定的放电条件下动力电池所能输出的电能。动力电池的实际能量是其实际容量与放电过程的平均电压的乘积。

8. 能量密度

能量密度即体积比能量，是指动力电池单位体积所能输出的电能，单位为 W·h/L 或 kW·h/L。动力电池的能量密度越高，新能源汽车的载质量和车内的空间就越大。

9. 功率

动力电池的功率是指在规定的放电条件下，动力电池单位时间所能输出的电能，单位为 W 或 kW。动力电池的功率大小会影响新能源汽车的加速度和最高车速。

10. 比功率

比功率即质量比功率，是指动力电池单位质量所能输出的功率，单位为 W/kg 或 kW/kg。动力电池的比功率越大，汽车的加速和爬坡性能就越好，最高车速也越高。

11. 功率密度

功率密度即体积比功率，是指动力电池单位体积所能输出的功率，单位为 W/L 或 kW/L。动力电池的功率密度越高，新能源汽车的载质量和车内的空间就越大。

12. 寿命

动力电池的寿命通常用使用时间或循环寿命来表示。动力电池经历一次充电和放电过程称为一个循环或一个周期。在一定的放电条件下，当动力电池的容量下降到某规定的限值时，动力电池所能承受的充放电循环次数称为动力电池的循环寿命。

不同类型的动力电池，其循环寿命有所不同。对于某种类型的动力电池，其循环寿命与充电和放电电流的大小、动力电池的温度、放电的深度等均有关系。

13. 自放电

自放电是指电池开路时，电池经过储存一定时间后，其容量自行降低的现象。

2.1.3 动力电池分类及基本原理

应用于电动汽车上的动力电池品种多样，经过技术发展和交替，目前在电动汽车上使用的动力电池主要有：铅酸蓄电池、镍氢电池、锂离子电池，如图 2-1-1 所示。其中铅酸蓄电池作为电动汽车的低压辅助电池，为车辆的普通低压电气系统提供低压工作用电。镍氢电池主要用在丰田的混合动力和插电式混合动力车辆上，如丰田普通混合动力凯美瑞、卡罗拉双擎、雷凌双擎等，插电式混合动力车型普锐斯也使用镍氢电池。而锂离子电池普遍应用在纯电动汽车中，如比亚迪 e6、北汽 EV200/160、荣威 E50、长安逸动 EV、宝马 i3、吉利帝豪 EV300 等。各类型动力电池的特点如表 2-1-1 所示。

   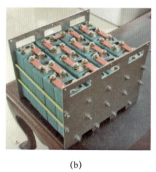   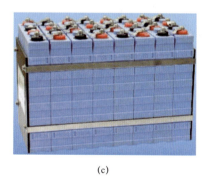

(a)　　　　　　　　　　(b)　　　　　　　　　　(c)

图 2-1-1　各类动力电池

（a）铅酸蓄电池；（b）镍氢电池；（c）锂离子电池

表 2-1-1　各类动力电池的特点

类型	特点	应用
铅酸蓄电池	成本低，技术成熟，单能量和功率低，体积笨重	普通汽车、电动汽车低压电池，电动自行车动力电池
镍氢电池	安全性较好，寿命较长，但成本高	丰田混合动力汽车
锂离子电池	能量密度高，自放电率低，使用寿命长，但成本高	电动汽车，如比亚迪 e6、北汽 EV200/160、宝马 i3 等

1. 铅酸蓄电池

以酸性水溶液为电解质的蓄电池称为酸蓄电池，由于电池电极是以铅作材料故又称为铅酸蓄电池，铅酸蓄电池广泛用于燃油汽车的起动。电动汽车使用的动力铅酸蓄电池要求有高的能量密度和比功率，高的循环次数和使用寿命以及快速充电性能等。目前电动汽车中已很少使用铅酸蓄电池作为动力电池，多作为辅助蓄电池为车载电气系统供电。

铅酸蓄电池的基本单元是单体电池，每个单体电池都是由正极板、负极板和装在正极板和负极板之间的隔板组成的，单体电池的结构如图 2-1-2 所示。每个单体电池的基本电压为 2 V，然后将不同容量的单体电池按使用要求进行组合，装置在不同的塑料外壳中来获得不同电压和不同容量的铅酸蓄电池总成，铅酸蓄电池总成结构如图 2-1-3 所示。

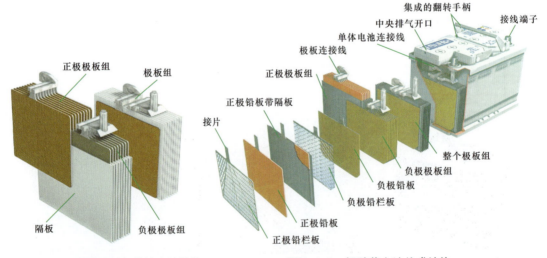

图 2-1-2　铅酸蓄电池的单体电池结构　　图 2-1-3　铅酸蓄电池总成结构

铅酸蓄电池总成经过灌装电解液和充电后，就可以从铅酸蓄电池的接线柱上引出电流。铅酸蓄电池通常采用密封、无锑网隔板等技术措施，并在普通铅酸蓄电池的电解液中加入硅酸胶（Na_2SiO_3）之类的凝聚剂，使电解质成为胶状物，形成一种"胶体"电解质。采用"胶体"电解质的铅酸蓄电池，使用起来更加方便。

铅酸蓄电池的优点：

（1）除锂离子电池外，在常用蓄电池中，铅酸蓄电池的电压最高为 2 V。
（2）价格低廉。
（3）可制成小至 1 A·h、大至几千 A·h 的各种尺寸和结构的蓄电池。
（4）高倍率放电性能良好，可用于发动机起动。
（5）高低温性能良好，可在 –40 ℃～60 ℃ 条件下工作。
（6）电能效率高达 60%。
（7）易于浮充使用，没有"记忆"效应。
（8）易于识别荷电状态。

铅酸蓄电池的缺点：

（1）比能量低，在电动汽车中所占的质量和体积较大，一次充电续驶里程短。
（2）使用寿命短，使用成本高。
（3）充电时间长。
（4）铅是重金属，存在污染。

2. 镍氢电池

镍氢电池属于碱性电池。20 世纪 90 年代随着混合动力汽车的规模化而得到应用。镍氢电池由氢氧化镍［$Ni(OH)_2$］正极、储氢合金负极、隔板、氢氧化钾电解质外壳、顶盖和密封圈等组成。在正负极之间有隔板，共同组成镍氢单体电池。在金属铂的催化作用下，完成充电和放电的可逆反应。镍氢电池的结构如图 2-1-4 所示。

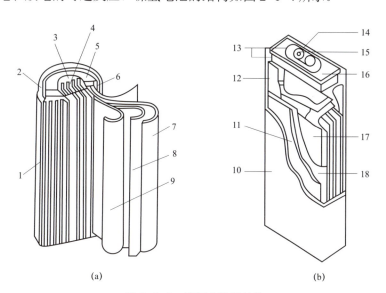

图 2-1-4　镍氢电池的结构

（a）圆柱形电池；（b）方形电池

1，10—负极端子；2，13—绝缘垫圈；3，14—正极端子；4，15—安全阀；5—密封板；6，16—绝缘环；
7，11—负电极；8，17—隔膜；9，18—正电极；12—绝缘层镍氢电池的正极，是球状氢氧化镍粉末与添加剂钴等金属、塑料和黏合剂等制成的涂膏，用自动涂膏机涂在正极板上，然后经过干燥处理成发泡的氢氧化镍正极板。在正极材料 $Ni(OH)_2$ 中添加 Ca、Co、Zn 或稀土元素，对稳定电极的性能有明显的改进。采用高分子材料作为黏合剂或用挤压和轧制成的泡沫镍电极，并采用镍粉、石墨等作为导电剂，可以提高大电流时的放电性能。

镍氢电池负极的关键技术是储氢合金，要求储氢合金能够稳定地经受反复的储气和放气的循环。储氢合金是一种允许氢原子进入或分离的多金属合金的晶格基块。储氢合金的种类和性能，对镍氢电池的性能有直接的影响。负极在充电或放电过程中既不溶解，也不再结晶，电极不会有结构性的变化，在保持自身化学功能的同时，还能保证本身的机械坚固性。储氢合金一般需要进行热处理和表面处理，以增加储氢合金的防腐性能，这有利于提高镍氢电池的能量密度、比功率和使用寿命。

电解质是水溶性氢氧化钾和氢氧化锂的混合物。在电池充电过程中，水在电解质溶液中分解为氢离子和氢氧离子，氢离子被负极吸收，负极由金属转化为金属氢化物。在放电过程中，氢离子离开了负极，氢氧离子离开了正极，氢离子和氢氧离子在电解质氢氧化钾中结合成水并释放电能。

镍氢电池在深度放电时质量比功率的变化比较稳定，对混合动力汽车的动力性能的控制十分有利，镍氢动力电池的寿命可以达到 100 000 km 以上。同时镍氢电池的充电接收性也很好，充电效率几乎达到 100%，能够很好地接收混合动力汽车在制动时回收的电能。另外由于能量损失较小，镍氢电池的发热量被抑制在最小范围内，可以有效地控制剩余电量，并用电流来显示电池的剩余电量。

混合动力汽车动力电池组经常处于充电、放电状态，而且充电、放电是不规则地进行的，这对动力电池的寿命带来严重的影响，松下电池公司用模拟混合动力汽车行驶工况对镍氢电池进行仿真试验，证实镍氢电池的特性几乎不发生变化，镍氢电池用于混合动力汽车是比较合适的。

镍氢电池具有无污染、高比能、大功率快速充放电、耐用等许多优点。与铅酸蓄电池相比，镍氢电池具有比能量高、质量轻、体积小、循环寿命长的特点，具体表现如下：

（1）比功率高。目前商业化的镍氢功率型电池能做到 1 350 W/kg。

（2）循环次数多。目前应用在电动汽车上的镍氢电池，80% 放电深度（DOD）循环可以达 1 000 次以上，为铅酸蓄电池的 3 倍以上；100% 放电深度（DOD）循环寿命也在 500 次以上，在混合动力汽车中可使用 5 年以上。

（3）无污染。镍氢电池不含铅、镉等对人体有害的金属。

（4）耐过充过放，无记忆效应。

（5）使用温度范围宽。正常使用温度范围 −30 ℃～55 ℃，储存温度范围 −40 ℃～70 ℃。

（6）安全可靠。短路、挤压、针刺、安全阀工作能力、跌落、加热、耐振动等安全性及可靠性试验，无爆炸燃烧现象。

镍氢电池的基本单元是单体电池，单体电压为 1.2 V，按使用要求组合成不同电压和不同电荷量的镍氢电池总成。

3. 锂离子电池

锂离子电池出现在 1990 年，由索尼公司研发。在近三十年的时间里，得到了迅猛的发展，被认为是未来极具发展潜力的动力电池。与其他蓄电池比较，锂离子电池具有电压高、能量密度高、充放电寿命长、无记忆效应、无污染、快速充电、自放电率低、工作温度范围宽和安全可靠等优点。

按照锂离子电池的外形形状可分为：方形锂离子电池和圆柱形锂离子电池。

锂离子电池的发展呈现出多方向并举的局面。发展方向的不同主要在于所采用的正极材料的不同。因为正极材料的性能将很大程度地影响电池的性能，同时正极材料也直接决定电池成本的高低。锂离子电池正极材料的发展引领了锂离子电池的发展。目前已批量应用于锂电池的正极材料主要有钴酸锂、镍酸锂、锰酸锂以及磷酸铁锂。但由于钴金属储量少、价格昂贵，因此成本高，而且作为动力电池其安全也存在问题，目前应用最为广泛的是磷酸铁锂。

锂离子电池由正极、负极、隔板、电解液和安全阀等组成。锂离子电池的结构如图 2-1-5 所示。

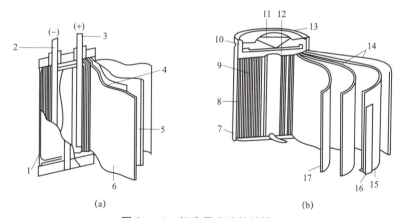

图 2-1-5　锂离子电池的结构
（a）方形锂离子电池；（b）圆柱形锂离子电池

1—外壳；2—负极端子；3—正极端子；4，14—隔板；5，15—负极板；6，17—正极板；7—绝缘体；8—负极柱；9—绝缘板；10—密封圈；11—顶盖；12—正极；13—安全排气阀；15—负极

按照锂离子电池正极材料的不同，可以分为锰酸锂离子电池、磷酸铁锂离子电池、镍钴锂离子电池和镍钴锰锂离子电池。

第一代车用锂离子电池为锰酸锂离子电池，其生产成本低，安全性能较好，但是循环寿命欠佳，在高温环境下循环寿命更短。第二代为磷酸铁锂离子电池，是锂离子电池的发展方向。由于原材料价格低且磷、铁、锂的资源丰富，工作电压适中，充放电特性好，高放电功率，可快速充电，循环寿命长，高温和高热稳定性好，储能特性强，完全无毒。

磷酸铁锂电池（LiFePO₄）是磷酸铁锂离子电池的简称，也称为"锂铁（LiFe）动力电池"或"铁电池"。磷酸铁锂电池是指用磷酸铁锂作为正极材料的锂离子电池。与其他锂电池最大的区别是电池的正极加入了铁元素。铁锂是最近几年才刚开始研究的一种很有潜力的材料，其安全性能与循环寿命是其他材料所无法相比的，这些也正是动力电池最重要的技术指标。

三元聚合物锂电池是指正极材料主要有镍钴锰酸锂［Li(NiCoN)O₂］和镍钴铝酸锂等三元材料的锂电池，也称三元锂电。三元锂电的标称电压达到 3.7 V，在容量上已经达到或超过钴酸锂电池水平，电池的能量密度优于磷酸铁锂电池。磷酸铁锂电池单体，能量密度为 120 W·h/kg，成组后为 80 W·h/kg；三元锂电池单体，能量密度为 180 W·h/kg，成组后能量密度为 110 W·h/kg。目前，随着配方的不断改进和结构完善，性能逐步得到提高。

镍钴锰酸锂、镍钴铝酸锂等三元材料的锂电池，其高温结构不稳定，在 200 ℃左右发生分解，导致高温安全性差且 pH 值过高易使单体胀气，进而引发危险，而磷酸铁锂材料是在 800 ℃左右。三元锂材料的化学反应更加剧烈，会释放氧分子，在高温作用下电解液迅速燃烧，发生连锁反应，比磷酸铁锂材料更容易着火且造价较高。近年来，随着三元锂电技术和控制技术的发展，三元锂电的安全性能得到一定程度的改善和提高，加上其能量密度的优势，三元锂电也得到了广泛的应用，如在北汽 EV160、EV200、特斯拉、吉利帝豪 EV300 等电动汽车的应用。

2.2 常见电动汽车动力电池

上面提到的镍氢电池和锂离子电池都是单体电池，电压一般在 1.2～3.6 V，而电动汽车所需要的电压通常在 260～400 V，需要将单体电池串联成电池组的形式安装到电动汽车中。

电动汽车的动力电池一般位于车辆底部前、后桥及两侧纵梁之间，安装在这些位置能使其具有较高碰撞安全性，可以降低车辆重心，使车辆操控性更好。将电动汽车的动力电池安装在驾驶室后方的车架纵梁之上，不但使得拆装操作更加简单，避免了动力电池安装分散，减少动力电池之间高压连接线束的使用，避免了线路连接过多的问题，而且节约了成本。

动力电池尽可能安装在清洁、阴凉、通风、干燥的地方，并避免受到阳光直射，远离加热器或其他辐射热源。动力电池应当正立安装放置，不可倾斜。动力电池组间应有通风冷却装置，以避免因动力电池损坏所产生的可燃气体引起爆炸和燃烧。

下面介绍目前常见电动汽车动力电池的组成和安装位置。

2.2.1 丰田混合动力车型

丰田普锐斯、凯美瑞混合动力版、卡罗拉双擎、雷凌双擎等车型动力电池安装在车辆后排座椅后面的后备厢内,动力电池由 34 个电池模块组成,每个电池模块由 6 个 1.2 V 的单体镍氢电池组构成,电压为 7.2 V。动力电池的标称电压为 244.8 V,动力电池的组成和安装位置分别如图 2-2-1 和图 2-2-2 所示。

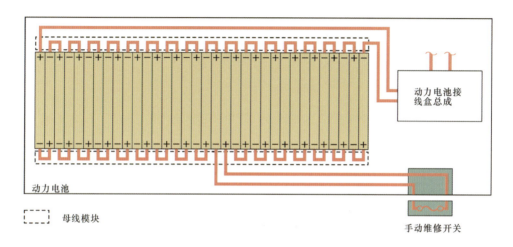

图 2-2-1　丰田混合动力车型动力电池的组成

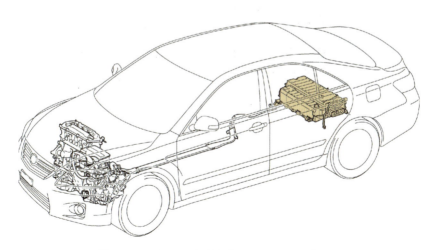

图 2-2-2　丰田混合动力车型动力电池的安装位置

2.2.2 比亚迪 e6

比亚迪 e6 采用磷酸铁锂动力电池,该动力电池是正极采用磷酸铁锂材料的锂离子电池。比亚迪 e6 动力电池的单体电池电压为 3.3 V，由 11 个电池模块构成，共 96 节单体电池，标称电压为 316.8 V，电池安装在车辆的底部，如图 2-2-3 所示。比亚迪 e6 动力电池的外观如图 2-2-4 所示。

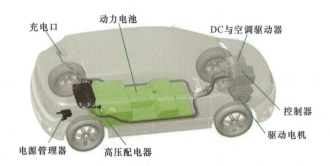

图 2-2-3　比亚迪 e6 动力电池的安装位置

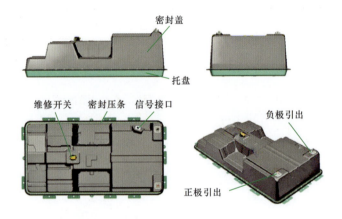

图 2-2-4　比亚迪 e6 动力电池的外观

2.2.3　北汽 EV200

北汽 EV200 电动汽车动力电池采用磷酸铁锂电池，安装在车辆底部，额定电压为 320 V。北汽 EV200 动力电池的外观和安装位置如图 2-2-5 和图 2-2-6 所示。

2.2.4　荣威 E50

荣威 E50 电动汽车动力电池采用磷酸铁锂电池，安装在车辆底部，其安装位置如图 2-2-7 所示。动力电池包含 5 个模块，其中 3 个大模块（27 串 3 并），2 个小模块（6 串 3 并），共 93 个串联，总电压为 232.5～334.8 V。

图 2-2-5　北汽 EV200 动力电池的外观

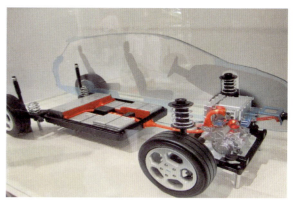

图 2-2-6　北汽 EV200 动力电池的安装位置

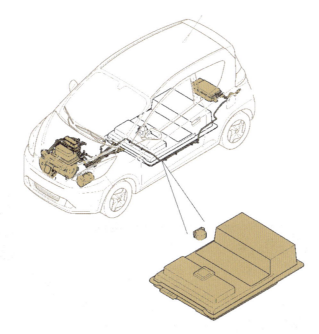

图 2-2-7　荣威 E50 动力电池的安装位置

2.2.5　广汽新能源 AG

广汽新能源 AG 电动汽车动力电池安装在行李厢处，由 212 个磷酸铁锂单体电池组成，每个单体电池的标称电压是 3.2 V，使用电压范围为 2.5～3.6 V。系统的标称电压为 345.6 V，工作电压为 260～420 V，瞬时电流可达 300 A 以上。广汽新能源 AG 电动汽车动力电池的安装位置如图 2-2-8 所示。

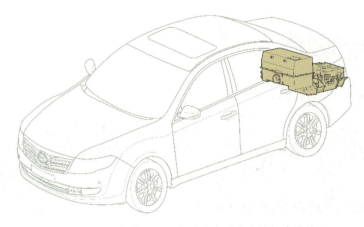

图 2-2-8　广汽新能源 AG 电动汽车动力电池的安装位置

2.2.6　特斯拉 S

特斯拉 S 动力电池安装在车辆底盘前后轴之间，电池组几乎占据车辆底盘的全部，动力电池采用超过 7 000 节 18650 锂电池组成，其能量为 85 kW·h，400 V 直流电。电池组板由 16 组电池组串联而成，并且每组电池组由 444 节锂电池，每 74 节并联形成。因此特斯拉 S 电池组板由 7 104 节 18650 锂电池组成。特斯拉 S 动力电池组的安装位置如图 2-2-9 所示。

图 2-2-9　特斯拉 S 动力电池组的安装位置

2.2.7　宝马 i8/i3

宝马 i8/i3 动力电池由韩国三星 SDI 提供，将电池组装成电池模块并与其他组件一起安装成动力电池单元。动力电池属于锂离子电池，类型为 N·MCo/LMO 混合。"N·MCo/LMO 混合"这一名称说明了这种电池类型使用的金属：一方面是镍、锰和钴的混合物，另一方面是锂锰氧化物。单体电池额定电压为 3.7 V，12 节单体电池组成一个电池模块，共有 8 个电池模块构成额定电压为 360 V 的高压动力电池。宝马 i3 电池模块和动力电池安装位置如图 2-2-10 所示。

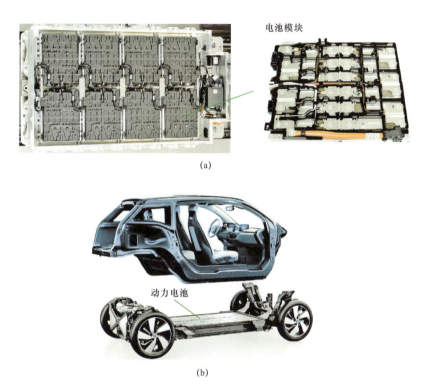

图 2-2-10　宝马 i3 电池模块和动力电池安装位置
(a) 电池模块；(b) 安装位置

2.2.8　吉利帝豪 EV300

吉利帝豪 EV300 采用三元锂离子动力电池。电池组的额定电压为 346 V，额定功率为 50 kW，电池容量为 126 A·h。动力电池采用水冷式冷却方式。

动力电池总成安装在车体下部，如图 2-2-11 所示。动力电池的组成部件包括：各模块总成、CSC 采集系统、电池控制单元（BMU）、电池高压分配单元（B-BOX）、维修开关等部件。除维修开关安装在动力电池总成外部，其余组件均封装在动力电池总成内部。

2.2.9　吉利帝豪 PHEV（插电混动）

吉利帝豪 PHEV 车型动力电池采用三元锂电，以锰酸锂（LMO）、镍钴锰酸锂（NCM）、镍钴铝酸锂（NCA）、磷酸铁锂（LFP）等材料为正极，以可嵌入锂离子的碳材料为负极，使用有机电解质。动力电池总成安装在车体下部，动力电池组成包括各模块总成、CSC采集系统、电池控制单元、维修开关等部件。吉利帝豪 PHEV 动力电池安装位置如图 2-2-12 所示，动力电池额定电压为 308 V，额定容量为 37 A·h，电池总能量为 11.4 kW·h，放电电流为 97.4 A，充电电流为 16 A，冷却方式为水冷。

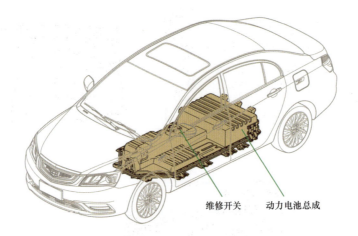

图 2-2-11　吉利帝豪 EV300 动力电池安装位置

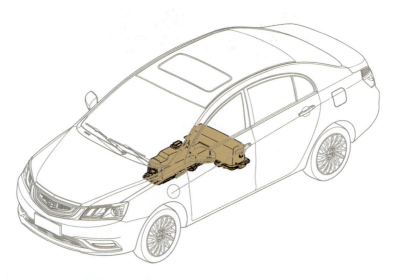

图 2-2-12　吉利帝豪 PHEV 动力电池安装位置

2.2.10　知豆城市微行电动车

知豆城市微行电动车采用磷酸铁锂和锰酸锂动力电池，动力电池容量分别为 150 A·h

和 160 A·h，额定电压均为 72 V，最大放电电流为 350 A，充电电流 25 A。动力电池采用自然风冷冷却方式。

其动力电池安装在车辆的底部，如图 2-2-13 所示。动力电池组由单体电池、高压继电器、高压熔断器、高压插接件、分流器、动力线等组成，如图 2-2-14 所示。

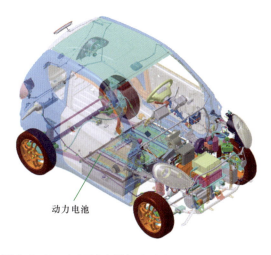

图 2-2-13　知豆城市微行电动车动力电池安装位置

图 2-2-14　知豆城市微行电动车动力电池的结构

2.3　动力电池管理系统

动力电池管理系统（Battery Management System，BMS），又称电源管理器，是用来对电动汽车动力电池组进行安全监控及有效管理,提高动力电池使用效率的装置,具有数据采集、安全预警与控制、剩余电量估算与指示、热管理、放电能量管理与过程控制、信息处理与通信等主要功能。

动力电池管理系统是连接动力电池和电动汽车的重要纽带。对于电动汽车而言,通过该系统对动力电池充放电的有效控制,可以达到增加行驶里程、延长动力电池使用寿命、降低运行成本的目的,并保证动力电池应用的安全性和可靠性。动力电池管理系统是电动汽车不可缺少的核心部件之一。

2.3.1 动力电池管理系统的结构及原理

1. 动力电池管理系统的结构

动力电池管理系统主要由以下三部分构成:

(1)电池终端模块。通过传感器进行数据采集,如电流参数、电压参数、温度等。

(2)电池管理控制单元。其主要监控电池组工作状态,并与整车控制系统进行通信协调控制充放电过程。

(3)人机交互模块及输入输出接口。其主要进行数据呈现,数据、信息输入输出,实现人机交互。

动力电池管理系统控制模块如图 2-3-1 所示。

图 2-3-1　动力电池管理系统控制模块

2. 功能原理

保证动力电池高效安全的运行是动力电池管理系统的基本要求。随着电力电子技术和计算机技术的发展,动力电池管理系统的功能原理也得到了进一步发展,主要包括数据采集、电池状态计算、能量管理、热管理、均衡控制、漏电管理、通信功能、安全管理与人机交换接口等。动力电池管理系统功能如图 2-3-2 所示。

(1)数据采集。精度和前置滤波特性是影响电池系统性能的重要指标。电动汽车动力电池管理系统的采样速率一般要求大于 200 Hz（50 ms）。

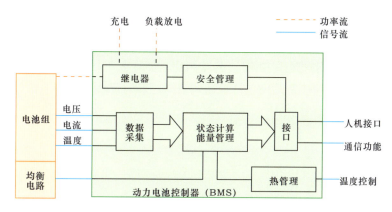

图 2-3-2　动力电池管理系统功能

（2）电池状态计算。电池状态的计算包括电池荷电状态（State Of Charge，SOC）和电池组的健康状态（State Of Health，SOH）两方面，SOC 提示动力电池的剩余电量，是计算和估算电动汽车续航里程的基础。SOH 用来提示电池技术状态，预计可用寿命等健康状态的参数。

（3）能量管理。能量管理主要包括以电流、电压、温度、SOC 和 SOH 为输入进行充电过程控制，以 SOC、SOH 和温度等参数为条件进行放电功率控制两个部分。

（4）热管理。在电池工作温度超过正常工作温度时，对其管理控制，进行冷却；在电池温度低于适宜的工作温度时，对其进行加热，使电池始终处于适宜的工作温度范围，并在电池组工作过程中总是保持电池单体间温度均衡，充分发挥电池的性能。对于大功率放电和高温条件下使用动力电池，其热管理尤为重要。

（5）均衡控制。由于电池的一致性差异导致电池组的工作状态是由最差单体电池状态决定的，在电池组各个电池之间设置均衡电路，实施均衡控制是为了使各单体电池充放电工作情况尽量一致，提高整体电池组的工作性能。

（6）漏电管理。电池组的漏电检测，由漏电检测传感器来检测电池组与车身间漏电电流。

（7）通信功能。通过动力电池管理系统实现电池参数和信息与车载设备或非车载设备的通信，为充放电控制、整车控制提供数据依据是电池管理系统的重要功能之一，根据应用需要，数据交换可采用不同的通信接口，如模拟信号、PWM 信号、CAN 总线或 I2C 串行接口。

（8）安全管理。

监控电池电压、电流、温度是否超过正常范围，防止电池过充、过放。在整个监控过程中，不仅对电池组进行监控，而且对电池组的单体电池进行监控，以控制单体电池的过充、过放、过热、漏电等安全状况。

（9）人机交换接口。

根据实际需要设置显示信息以及控制按钮等。

（10）信息存储与电磁兼容。用于存储关键数据，如 SOC、SOH、SOF、SOE、累积充放电数、故障码和一致性等。由于电动汽车面临复杂电磁环境，要求 BMS 必须具有良好的抗电磁干扰能力，同时要求 BMS 对外辐射小。

2.3.2 动力电池管理系统功能分析

1. 故障诊断与失效处理

故障诊断功能是 BMS 的重要组成部分，BMS 的故障诊断程序可以诊断和处理多达数百种各类故障。故障诊断可以在电池工作过程中，实时掌握电池的各种状态，甚至在停机状态下也能将电池故障信息定位到蓄电池系统的各个部分（包括电池模块）。BMS 根据故障原因对各种故障诊断分别设置了诊断程序的进入与退出条件，采用分时诊断流程，节约 CPU 的时间资源。

2. 热量管理功能

在所有的环境因素中，温度对电池的充放电性能影响最大，对蓄电池的很多特性都会产生影响。因为电池本身的化学材料比较复杂，所以为了计算方便可以将蓄电池结构进行内部电池（热源）和电池外壳的模型简化，进而进行散热仿真分析。

3. 电压采集功能

为了安全监控，电池组中的每个单体电池电压都需要采集。电动汽车动力电池组由上百节的单体电池串联，需要众多电压采样通道。测量单体电压时，存在着累积电势且各节单体的累积电势各不相同，无法统一补偿或消除，可以采取"先集中后分布"的采集方案，提高可靠性。

4. 电流采集功能

电流的采样是估计电池剩余容量（SOC）的主要依据，因此必须选用响应速度快，具有优良线性度的高精度传感器作为电流采集单元。

5. 荷电状态（SOC）估计

目前，对 SOC 的研究已经基本成熟，SOC 算法主要分为两大类，一类为单一 SOC 算法，另一类为多种单一 SOC 算法的融合算法。单一 SOC 算法包括安时积分法、开路电压法、基于电池模型估计的开路电压法、其他基于电池性能的 SOC 估计法等。融合算法包括简单的修正、加权、卡尔曼滤波（或扩展卡尔曼滤波）以及滑模变结构方法等。

6. 电池循环寿命（SOH）估计

SOH 为电池的寿命，定义为标准状况下蓄电池可用容量占标准容量的百分比。耐久性是当前业界研究热点，表征电池寿命的主要参数是容量和内阻。一般地，能量型电池的性能衰减用容量衰减表征，功率型电池性能衰减用电阻变化表征。目前 SOH 估计方法主要分为耐久性经验模型估计法和基于电池模型的参数辨识法。

7. 电池一致性与均衡管理

电池一致性是指同一规格型号的电池组成电池组后，各单体电池的电压、荷电量、容量及其衰退率、内阻及其随时间变化率、寿命、自放电率及其随时间变化率等参数存在一定的差别。在电池生产与成组过程中，特别是车用动力电池，如果制造环境较差，质量控制不得当，单体电池间会出现较大差异。随着使用时间的变化，车用动力电池的不一致性会变得越来越差，最终影响电池组的使用寿命。电池不一致性主要是由单体电池容量衰减差异和荷电量差异两者造成。单体电池容量的衰减是不可恢复的，而荷电量差异可以通过均衡方法来补偿。

2.4 动力电池的更换

2.4.1 比亚迪 e6 动力电池拆卸要点

1. 拆装注意事项

比亚迪 e6 动力电池属于高压危险产品，维修人员拆装过程需注意以下事项：
（1）动力电池黄线连接部分或者贴有高压标识的零部件在拆卸时应严格注意安全操作规范。
（2）动力电池卸下前应立即断开电池包维修开关，且开关插座进行覆盖绝缘保护。
（3）动力电池动力输出出口插座必须进行绝缘覆盖保护，避免异物落入造成触电。
（4）拆卸过程中，注意采样线不得用力拉拔、过度弯曲，以防信号线受损坏。
（5）安装过程，螺钉紧固扭矩必须按照设计扭矩要求使用专业工具紧固。

（6）动力铜排连接片与模组连接位置装配前应除尘、去污处理。

（7）动力电池拆卸过程中注意零部件标识，以免遗漏或装错。

（8）安装完成后必须对紧固件打扭力标。

（9）动力电池拆卸和安装过程禁止以下行为：暴力拆卸、跌落、碰撞、模组倾斜、重压模组、采样线过度拉扯、人为短路等非正常工作行为；禁止非工作人员拆卸。

（10）动力电池属高压器件，操作不当易造成人员伤亡。所有拆装过程及注意事项请严格参照本拆装规范。

2. 拆卸流程

图 2-4-1 流程顺序

警告：

（1）为了避免造成人身伤害，非专业人员请勿拆卸动力电池。

（2）在无佩戴相应防护用具的情况下，请勿接触或对动力电池进行操作。

（3）操作前，请将车辆退电至 OFF 挡。

（4）请按照流程顺序进行拆卸，如图 2-4-1 所示。

（5）拆卸过程中，请注意动力电池及车辆上贴有的高压警示标识。

（6）拆卸过程中，部分零部件具有锁紧功能，请勿使用蛮力破坏。

（7）拆卸过程中，请注意对动力电池进行防护。

3. 拆卸步骤

（1）断开维修开关，详细步骤见本书第 1 章 1.3.3 相关内容。

（2）拆卸后排座椅。

① 取下后排座椅两侧螺钉盖板，如图 2-4-2 所示。

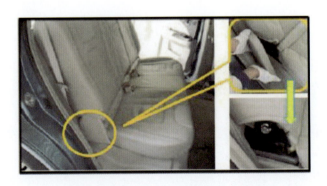

图 2-4-2 取下后排座椅两侧螺钉盖板

②拆下座椅折弯处螺钉（21 mm），如图2-4-3所示。

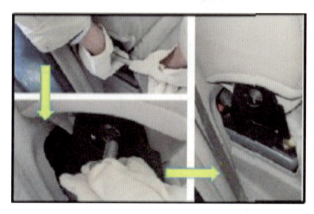

图2-4-3　拆下座椅折弯处螺钉

③同时拉动座椅两侧折弯处黑色拉绳，并将座椅靠背前倾取出座椅靠背，如图2-4-4所示。

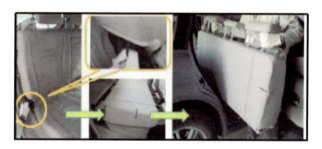

图2-4-4　取出座椅靠背

④拆掉座椅安全带后缝隙处螺钉（10 mm）并取出座椅，如图2-4-5所示。

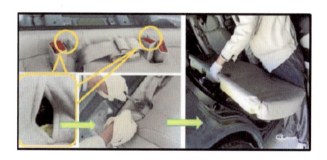

图2-4-5　取出座椅

⑤卸掉座椅横梁固定螺钉以及安全带固定螺钉，如图2-4-6所示。
⑥取出横梁，如图2-4-7所示。

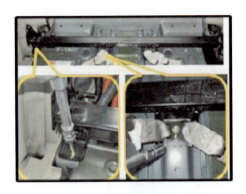

图 2-4-6　卸掉固定螺钉

图 2-4-7　取出横梁

（3）拆动力连接线。

① 打开后备厢，取出物品，如图 2-4-8 所示。

② 拆卸高压配电箱保护盖板固定螺钉（10 mm），如图 2-4-9 所示。

图 2-4-8　打开后备厢

图 2-4-9　拆卸高压配电箱保护盖板固定螺钉

③ 拔掉高压配电箱保护盖板上的信号连接线接口，如图 2-4-10 所示。

④ 取出高压配电箱保护盖板，如图 2-4-11 所示。

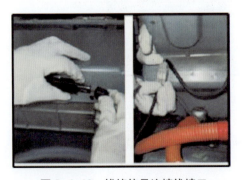

图 2-4-10　拔掉信号连接线接口

图 2-4-11　取出高压配电箱保护盖板

⑤ 取掉正负极插接件的红色卡扣，轻提黑色卡扣，听到"咔"声响后，拔掉插接件，如图 2-4-12 所示。

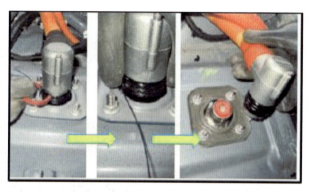

图 2-4-12　拔掉插接件

⑥ 拆掉正负极引出固定板，并使用保护盖或电工绝缘胶布对正负极引出进行防护，如图 2-4-13 所示。

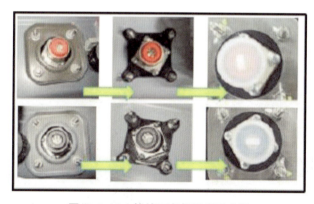

图 2-4-13　拔掉正负极引出固定板

（4）拆卸采样信号线。

① 拧下采样信号线盖板螺钉（10 mm）并取下盖板，如图 2-4-14 所示。

② 旋转采样信号线插接件卡扣，如图 2-4-15 所示。

 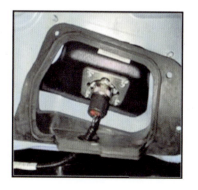

图 2-4-14　取下信号线盖板　　　　图 2-4-15　旋转采样信号线插接件卡扣

③ 取下采样信号线插接件，如图 2-4-16 所示。

（5）拆卸底部螺钉。

① 用举升机支撑端对准车架横梁，提升举起车辆，如图 2-4-17 所示；

图 2-4-16　取下采样信号线插接件

图 2-4-17　举起车辆

注意：

将举升机四个支撑脚对准底盘车架横梁槽后再举升车辆，以免由于车身质量压损车架或电池包边缘。

② 拆卸车头防撞梁固定螺钉（17 mm），如图 2-4-18 所示；

③ 取下防撞梁，如图 2-4-19 所示；

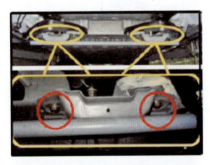

图 2-4-18　拆卸车头防撞梁固定螺钉

图 2-4-19　取下防撞梁

④ 调整车辆高度，将升降平台车或简易支架车放置，如图 2-4-20 所示。

⑤ 动力电池底部顶住动力电池，如图 2-4-21 所示；

图 2-4-20　调整车辆高度

图 2-4-21　动力电池底部顶住动力电池

⑥ 拆卸动力电池底部固定螺钉（18 mm，共 13 pcs），如图 2-4-22 所示；

⑦ 提升车辆高度，并将动力电池拉出。

图 2-4-22　拆卸动力电池底部固定螺钉

2.4.2　吉利帝豪 EV300 动力电池更换

1. 动力电池的下电操作

（1）打开前机舱盖，断开低压蓄电池负极连接线。

（2）参照本书"1.3.3"中的第 2 点拆卸手动维修开关。

2. 举升车辆

（1）按照规定要求将车辆举升，注意举升机举升点不要支撑在动力电池上。

（2）使用移动举升平台支撑住动力电池。

3. 动力电池冷却水管的拆卸

（1）断开动力电池进出水管与动力电池的连接。

（2）断开动力电池出水管与热交换器的连接。

（3）断开动力电池进水管与电子冷却风扇的连接。

（4）断开动力电池进水管与电池膨胀罐软管的连接。

（5）取下动力电池进出水管，如图 2-4-23 所示。

4. 动力电池连接线的拆卸

（1）断开动力电池的两个高压线束插接器，如图 2-4-24 所示。

（2）断开动力电池与前机舱线束的两个线

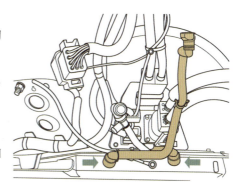

图 2-4-23　动力电池进出水管的拆卸

束插接器,如图 2-4-24 所示。

(3)断开动力电池搭铁线固定螺母,断开动力电池搭铁线,如图 2-4-24 所示。

5. 动力电池拆卸

(1)拆卸动力电池总成后部的 3 个固定螺栓,如图 2-4-25 所示。

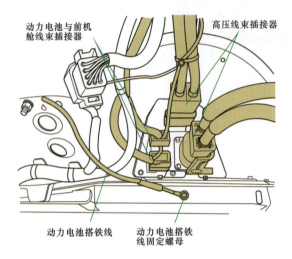

图 2-4-24　动力电池连接线的拆卸

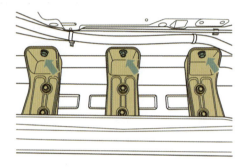

图 2-4-25　动力电池总成后部固定螺栓

(2)如图 2-4-26 所示,分别拆卸动力电池总成前部 2 个固定螺栓和动力电池总成左右各 7 个固定螺栓。

(3)缓慢下降移动举升平台,将动力电池从车身上拆卸下来。

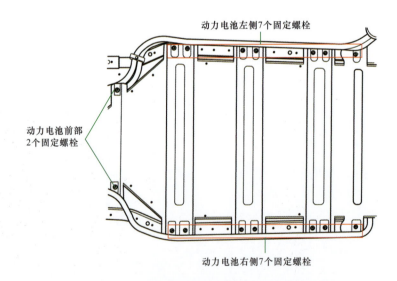

图 2-4-26　拆卸动力电池前部和左右两侧固定螺栓

2.4.3 吉利帝豪 PHEV 动力电池更换

1. 拆卸前的准备

（1）打开行李厢盖；
（2）断开蓄电池负极连接导线；
（3）拆卸维修开关。

2. 支撑动力电池总成

（1）将车辆用举升机举升；
（2）置入平台车，使用平台车支撑动力电池总成，如图 2-4-27 所示。

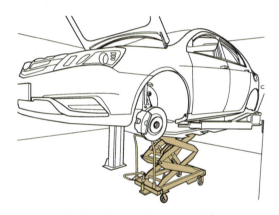

图 2-4-27　支撑动力电池总成

3. 拆卸动力电池总成

（1）拆卸动力电池隔热罩 5 个固定螺栓，取下隔热罩，如图 2-4-28 所示。

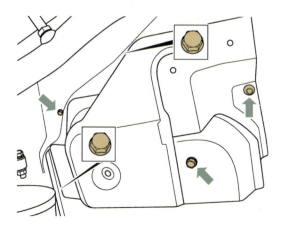

图 2-4-28　拆卸动力电池隔热罩

（2）如图 2-4-29 所示，分别拆卸动力电池进、出水管卡箍，断开动力电池进、出水管；分别断开动力电池低压、高压线束插接器；最后断开动力电池慢充线束插接器。

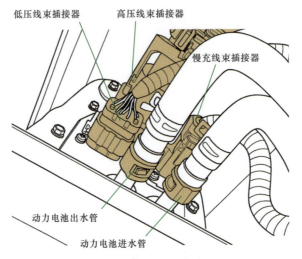

图 2-4-29　拆卸进、出水管和高、低压以及慢充线束插接器

（3）拆卸动力电池左右两侧固定螺栓，并拆卸动力电池搭铁螺栓；最后缓慢降下平台车取下动力电池总成，如图 2-4-30 所示。

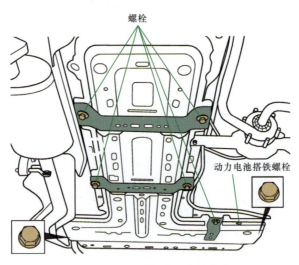

图 2-4-30　拆卸动力电池总成

4. 安装注意事项

安装按照拆卸相反的顺序进行，同时注意以下事项：

动力电池左右两侧固定螺栓（图 2-4-30）拧紧力矩为 75 N·m；连接线束插接器（图 2-4-29）时应按照"一插、二响、三确认"的原则进行。动力电池隔热罩固定螺栓（图 2-4-28）拧紧力矩为 10 N·m。

2.4.3 北汽 EU260 快换动力电池

1. 快换锁与快换提示

北汽电动车 EU 系列车型分为两种,出租车版和长续航版。出租车版和长续航版的动力电池有所不同。为满足出租车的营运需求,出租车版的动力电池带有快换功能。在车型上设计了快换锁和快换提示装置。

(1)快换锁。为了确保动力电池与快换支架安装可靠,当快换锁未锁到位时,整车控制器发出下电指令,禁止车辆起动行驶。

(2)快换提示。当执行快换电池操作时,整车控制器强制动力电池下电,确保零负荷换电。

(3)快换锁控制原理。快换锁内有两个霍尔传感器串联在一起监控快换锁的状态,当整车控制器监测到高电位时切断动力电池高压输出,快换锁传感器电路图如图 2-4-31 所示。

(4)快换提示传感器。在车辆底盘左侧快换支架上有一个快换提示传感器,当有磁铁接近快换提示传感器时,传感器输出 0 V 信号,整车控制器监测到 0 V 信号立即发出指令切断动力电池主继电器,强制下电。快换提示传感器电路图如图 2-4-32 所示。

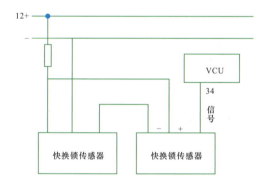

图 2-4-31 快换锁传感器电路图

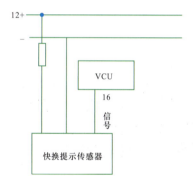

图 2-4-32 快换提示传感器电路图

2. 快换动力电池操作

注意:

准备更换动力电池前应关闭点火开关、断开低压蓄电池负极,车辆举升到需要的高度时,举升机要锁止安全锁;电池举升车上升接触到动力电池包底部再进行拆卸工作。

1)解除快换锁

(1)将车辆放于举升机位置,关闭点火开关并同时断开低压蓄电池负极,如图 2-4-33 所示。

(2) 将车辆举升至一定高度并锁止举升机安全锁。

(3) 动力电池举升车推放到动力电池正下方,升高动力电池举升车平板与动力电池包底部接触,如图 2-4-34 所示。

图 2-4-33　断开低压蓄电池负极

图 2-4-34　举升车支撑住动力电池包

(4) 用撬棍把动力电池锁止机构接触点向车身尾部方向移动,如图 2-4-35 所示。

(5) 左右两侧动力电池锁解除后,用撬棍将动力电池包整体向车身尾部移动至支架开口处,如图 2-4-36 所示。

图 2-4-35　锁止机构接触点向车尾方向移动

图 2-4-36　动力电池包整体向车尾移动

(6) 缓慢下降动力电池举升车,降到需要的高度后将动力电池举升车推出。

(7) 安装:按拆卸相反顺序安装动力电池包。

注意:

动力电池包安装到位,一定要确认快换锁机构落锁到位。

2) 快换支架拆装

(1) 拔下快换锁线束插件(在后桥上方的 16 针插件),如图 2-4-37 所示。

（2）开启快换锁线束与车架左后侧固定止扣。

（3）在动力电池前端拔下电池控制系统低压线束，如图 2-4-38 所示。

图 2-4-37　拔下快换锁线束插件

图 2-4-38　拔下电池控制系统低压线束

（4）拆下高压线束与车身、减速器处固定卡扣。

（5）拔下动力电池与 PEU 连接插件，并把高压线束向下顺拉，如图 2-4-39 所示。

（6）用动力电池举升车支撑快换支架，如图 2-4-40 所示。

图 2-4-39　拔下动力电池与 PEU 连接插件

图 2-4-40　举升车支撑快换支架

（7）拆下快换支架 16 个固定螺栓，同时检查线束与车身是否脱离，如图 2-4-41 所示。

（8）安装快换支架：采用拆卸相反的顺序。

注意：

拆装快换支架不能损坏传感器。

图 2-4-41　拆卸快换支架固定螺栓

2.5　动力电池系统常见故障诊断与排除

2.5.1　动力电池单体电池故障

1. 动力电池单体过压（表 2-5-1）

表 2-5-1　动力电池单体过压

故障名称	动力电池单体过压
BMS 故障处理方式	行车模式：上报故障，同时最大允许充电功率调整为 0； 车载充电模式：上报故障，同时动力电池充电请求为待机，5 s 后断开高压继电器； 快速充电模式：上报故障，同时发送 BST，5 s 后断开高压继电器
VCU 故障处理方式	行车模式：停止能量回收，仪表点亮限制能量回收灯； 快慢充模式：立即下高压
导致故障的原因	充电机失控、电动机系统失控
故障可能造成的影响	继续充电或者进行制动能量回收会引起电池过充、鼓包、膨胀甚至爆炸
处理措施	充电过程出现该问题，更换动力电池； 如果重新上电，车辆恢复正常，应进行路试； 如果重新上电车辆不能恢复正常，则需要更换动力电池
建议的维修措施	充电时，检查充电机； 行车时，检查制动能量回收控制数据

2. 动力电池单体电压不均衡（表 2-5-2）

表 2-5-2　动力电池单体电压不均衡

故障名称	动力电池单体电压不均衡
BMS 故障处理方式	上报故障
VCU 故障处理方式	/
导致故障的原因	动力电池单体一致性不好或者均衡效果不好
故障可能造成的影响	导致动力电池单体压差过大，影响充电均衡，影响整车性能
处理措施	重新上电，进行反复几次慢充，并进行几次 30 km/h 匀速行驶，如恢复正常，则不需要进行其他操作，告知车主多注意观察； 如仍频繁出现该故障，则需按照"建议的维修措施"实施检测维修
建议的维修措施	看是否有单体欠压或者过压故障，先进行处理； 如果仍有该故障，则检查均衡回路

2.5.2　动力电池断路故障诊断与排除

1. 动力电池外部短路（表 2-5-3）

表 2-5-3　动力电池外部短路

故障名称	动力电池外部短路
BMS 故障处理方式	行车模式：上报故障 车载充电模式：上报故障 快充充电模式：上报故障
VCU 故障处理方式	校验电机、充电机母线电流，若确认断路，立即高压下电； 若整车处理，仪表点亮动力电池故障灯、MIL 灯
导致故障的原因	电池单体一致性不好或者均衡效果不好
故障可能造成的影响	导致电池单体压差过大，影响充电均衡，影响整车性能
处理措施	重新上电，进行反复几次慢充，并进行几次 30 km/h 匀速行驶，如恢复正常，则不需要派工； 如仍频繁出现该故障，需按照"建议的维修措施"实施检测维修
建议的维修措施	看是否有单体欠压或者过压故障，先进行处理； 如果仍有该故障，则检查均衡回路

2. 动力电池内部短路（表 2-5-4）

表 2-5-4　动力电池内部短路

故障名称	动力电池内部短路
BMS 故障处理方式	车载充电模式：上报故障，同时动力电池充电请求为待机，5 s 后断开高压继电器； 快充充电模式：上报故障，同时发送 BST，5 s 后断开高压继电器
VCU 故障处理方式	仪表点亮动力电池故障灯、MIL 灯、一级报警音，提示驾驶员尽快离开车辆； 立即高压下电，如果未上高压禁止上高压
导致故障的原因	动力电池内部焊接、装配等问题
故障可能造成的影响	引起热失控，出现着火、爆炸
处理措施	确认无故障后，诊断仪手动清除后重新上电
建议的维修措施	检查电芯； 检查动力电池系统装配问题

2.5.3　动力电池温度异常故障诊断与排除

1. 动力电池温度过高（表 2-5-5）

表 2-5-5　动力电池温度过高

故障名称	动力电池温度过高
BMS 故障处理方式	行车模式：上报故障，同时最大允许充放电功率调整为 0，整车在 2 s 内没有高压下电，BMS 主动断开高压继电器； 车载充电模式：上报故障，同时动力电池充电请求为待机，5 s 后断开高压继电器； 快充充电模式：上报故障，同时发送 BST，5 s 后断开高压继电器
VCU 故障处理方式	仪表点亮动力电池故障灯、MIL 灯、一级报警音，提示驾驶员尽快离开车辆； 高压下电，如果未上高压禁止上高压
导致故障的原因	动力电池热管理系统有问题； 动力电池电芯本身有问题； 动力电池装配节点松弛
故障可能造成的影响	导致动力电池隔膜融化，出现动力电池内短路，从而引起热失控，出现着火、爆炸
处理措施	停止充电/加热/行车，等温度自然降低如果重新上电，车辆恢复正常，则不需要进行维修； 如果重新上电车辆不能恢复正常，或者较短时间内温度仍迅速上升，则需要按照"建议的维修措施"检查维修
建议的维修措施	采集动力电池温度数据，检查温度传感器与实际温度差异； 检测动力电池热管理系统； 检查动力电池电芯状态； 检查动力电池系统装配问题

2. 动力电池温度不均衡（表 2-5-6）

表 2-5-6　动力电池温度不均衡

故障名称	动力电池温度不均衡
BMS 故障处理方式	上报故障
VCU 故障处理方式	/
导致故障的原因	动力电池热管理系统故障
故障可能造成的影响	动力电池在差异化的温度下同工况工作，电芯一致性变差，同时电池温度指示灯不能很好反应电池温度状态
处理措施	停止充电/加热/行车，如果车辆恢复正常，则不需要进行维修；如果重新上电车辆恢复后仍频繁出现，则需要按照"建议的维修措施"检查维修
建议的维修措施	看是否有温度过高故障，先处理温度过高故障；处理完以后如果仍然报该故障，检查动力电池热管理系统、温度传感器装配位置

3. 动力电池温升过快（表 2-5-7）

表 2-5-7　动力电池温升过快

故障名称	动力电池温升过快
BMS 故障处理方式	行车模式：上报故障，同时最大允许充放电功率调整为 0，整车在 2 s 内没有高压下电，BMS 主动断开高压继电器；车载充电模式：上报故障，同时动力电池充电请求为待机，5 s 后断开高压继电器；快充充电模式：上报故障，同时发送 BST，5 s 后断开高压继电器
VCU 故障处理方式	仪表点亮动力电池故障灯、MIL 灯、一级报警音，提示驾驶员尽快离开车辆；充电模式：立即高压下电，如果未上高压禁止高压上电；行车模式：若车速 ≥ 30 km/h，T 秒内（8 s ≤ T ≤ 10 s）延时高压下电；若车速 < 30 km/h，立即高压下电，如果未上高压禁止高压上电
导致故障的原因	动力电池内部短路；动力电池焊接、装配等问题引起火花
故障可能造成的影响	导致电池隔膜融化，出现动力电池内短路，从而引起热失控，出现着火、爆炸
处理措施	按照"建议的维修措施"诊断检查确认无故障后，诊断仪手动清除后重新上电
建议的维修措施	检查温度传感器装配位置；检查动力电池单体电芯状态；检查动力电池装配状态

4. 动力电池冷却液温度过高（表 2-5-8）

表 2-5-8　动力电池冷却液温度过高

序号	检查步骤		检查结果	
0	初步检查	正常	有故障	操作方法
	检查膨胀罐的冷却液储存量	进行第 1 步	冷却液缺少	加注冷却液至正常液位
			冷却系统泄漏	检测动力电池冷却系统密封性，并检修泄漏部位
1	检查电池散热器	正常	有故障	操作方法
	检查电池散热器内外散热状况	进行第 2 步	电池散热器外部堵塞过多杂物或散热片变形损坏	清除杂物或更换动力电池散热器
			电池散热器内部污垢或杂质堵塞	清洗电池散热器内部或更换动力电池散热器
2	检查水温传感器	正常	有故障	操作方法
	检查水温传感器温度电阻性能	进行第 3 步	水温传感器有故障	更换水温传感器
3	检查电动冷却液泵	正常	有故障	操作方法
	检查电动冷却液泵工作状况	进行第 4 步	电动冷却液泵不能正常起动	检修电动冷却液泵
4	检查电动三通阀	正常	有故障	操作方法
	检查电动三通阀是否正常	进行第 5 步	电动三通阀有故障	更换电动三通阀
5	检查空调系统	正常	有故障	操作方法
	检查空调系统工作是否正常	进行第 6 步	空调系统故障	更换空调系统
6	检查低温膨胀罐总成	正常	有故障	操作方法
	检查低温膨胀罐总成电磁阀是否正常	进行第 7 步	低温膨胀罐总成电磁阀故障	更换低温膨胀罐总成
7	检查冷却管路	正常	有故障	操作方法
	检查冷却管路是否通畅	进行第 8 步	冷却管路堵塞	更换堵塞管路或零件
8	检查温控系统控制器	正常	有故障	操作方法
	检查温控系统控制器或线路是否正常	进行第 9 步	线路故障	维修故障线路
			控制器故障	更换温控系统控制器

续表

序号	检查步骤	检查结果		
9	检查动力蓄电池总成	正常	有故障	操作方法
	检查动力蓄电池总成是否正常	进行第10步	动力电池故障	更换动力电池总成
10	检查操作	正常	有故障	操作方法
	正确操作后,检查故障是否出现	诊断结束	故障未消失	从其他症状查找故障原因

5. 电动冷却液泵不工作（表2-5-9）

表2-5-9 电动冷却液泵不工作

序号	检查步骤	检查结果		
0	初步检查	正常	有故障	操作方法
	检查电动冷却液泵外观是否变形、损坏	进行第1步	电动冷却液泵外观有变形或者损坏	更换电动冷却液泵
1	检查插头、线束	正常	有故障	操作方法
	检查电动冷却液泵插头接触是否良好,线束是否导通	进行第2步	接触不良或线束断路	重新拔插并清洁插头或更换故障部件
2	检查熔断丝	正常	有故障	操作方法
	检查电动冷却液泵熔断丝是否良好	进行第3步	熔断丝已熔断	更换熔断器
3	检查继电器	正常	有故障	操作方法
	检查电动冷却液泵继电器是否良好	进行第4步	继电器有故障	更换电动冷却液泵继电器
4	检查电动冷却液泵	正常	有故障	操作方法
	用诊断仪检测电动冷却液泵是否有故障	进行第5步	电动冷却液泵有故障	更换电动冷却液泵
5	检查温控系统控制单元	正常	有故障	操作方法
	用诊断仪对温控系统控制单元功能测试	进行第6步	温控系统控制单元故障	更换温控系统控制单元
6	检查操作	正常	有故障	操作方法
	正确操作后,检查故障是否出现	诊断结束	故障未消失	从其他症状查找故障原因

2.5.4 动力电池绝缘、充电故障诊断与排除

1. 绝缘电阻低（表2-5-10）

表2-5-10 绝缘电阻低

故障名称	绝缘电阻低
BMS故障处理方式	行车模式：上报故障； 车载充电模式：上报故障，同时动力电池充电请求为待机，5 s后断开高压继电器； 快充充电模式：上报故障，同时发送BST，5 s后断开高压继电器
VCU故障处理方式	仪表立即点亮绝缘故障灯； 行车模式： 根据车速和挡位处理：车速≥30 km/h不处理，否则执行高压下电或禁止高压上电； 充电模式：立即高压下电； 若整车进行处理，则仪表点亮MIL灯、一级报警音
导致故障的原因	高压部件内部有短路； 高压回路对车身绝缘阻值下降
故障可能造成的影响	整车可能存在漏电，对人员造成伤害
处理措施	按照"建议的维修措施"诊断检查，确认无故障后，诊断仪手动清除后重新上电
建议的维修措施	检查高压器件、高压回路的绝缘状况； 更换绝缘不合格的高压器件

2. 充电电流异常（表2-5-11）

表2-5-11 充电电流异常

故障名称	充电电流异常
BMS故障处理方式	车载充电模式：上报故障，同时进行充电机重启，重启5次仍然出现该故障，动力电池充电请求为待机； 快充充电模式：上报故障，同时发送BST
VCU故障处理方式	/
导致故障的原因	充电机故障或者充电回路故障
故障可能造成的影响	引起动力电池过充、鼓包、膨胀甚至爆炸
处理措施	如果重新上电，车辆恢复正常，则不需要进行诊断维修； 如果重新上电车辆不能恢复正常，则需要按照"建议的维修措施"诊断检查
建议的维修措施	检查充电回路； 更换PEU

第 3 章 高压配电系统

3.1 高压配电系统的作用、组成

电动汽车都有一套高压配电系统。高压配电系统由动力电池为电机控制器（PEU），动力合成箱（插电式混合动力汽车，包含电机控制器、驱动电机、发电机等），电动空调压缩机，冷却液泵控制器等高压部件提供能量。此外动力电池还有一套交流慢充电系统，这些所有的高压部件都由高压配电系统连接输送电能。

高压配电系统主要包括以下部件动力线束总成，PEU至驱动电机（EM1）连接电缆（插电混合动力车型，在纯电动车型中为驱动电机三相动力连接电缆），PEU至驱动电机（EM2）连接电缆（插电混合动力车型，在纯电动车型中为驱动电机三相动力连接电缆），电动油泵高压线（插电混动车型），PTC（电加热器）线束，分线盒（部分车型也称高压配电单元或高压配电盒）至PEU连接线缆等。高压配电系统组成如图3-1-1所示。

1. 动力线束总成

动力电池放电时，动力线束将动力电池的电能通过分线盒输送给电机控制器、油泵控制器（PHEV车型）、电动空调压缩机、PTC加热器等。

动力电池充电时，动力线束将电能从车载充电器输送到动力电池为其充电。动力线束总成如图3-1-2所示。

2. PEU 至驱动电机的连接电缆

电机控制器通过 PWM（Pulse Width Modulation）脉宽调制控制驱动电机，PWM 信号通过 PEU 至驱动电机的连接电缆传递到驱动电机。装配双电机的插电式混动车型（如吉利帝豪 PHEV、比亚迪唐 DM 等），两个驱动电机各有一组 PEU 至驱动电机连接电缆。PEU 至驱动电机连接电缆组成图如图 3-1-3 所示。

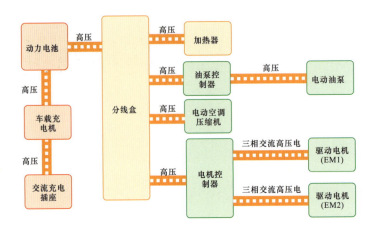

图 3-1-1　高压配电系统组成（吉利帝豪 PHEV 车型）

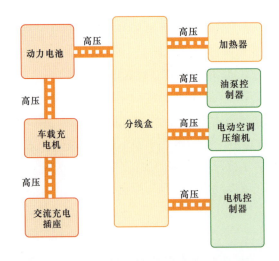

图 3-1-2　动力线束总成（吉利帝豪 PHEV 车型）

3. 分线盒

分线盒的作用类似于低压供电系统的熔断丝盒。高压分线盒功能包括：高压电能的分配、高压回路过载及短路保护等。

图 3-1-3　PEU 至驱动电机连接电缆组成图（吉利帝豪 PHEV 车型）

分线盒电能分配是指将动力电池输送的电能分配给电机控制器、电动空调压缩机、PTC 加热器等高压部件。

分线盒电能分配各回路上安装有熔断器，相应回路过载或短路时熔断器熔断，切断供电。

分线盒组成图如图 3-1-4 所示。

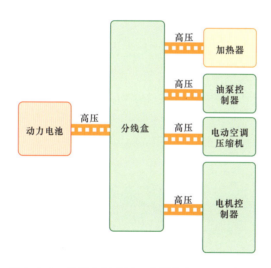

图 3-1-4　分线盒组成图（吉利帝豪 PHEV 车型）

4. 交流充电口

交流充电口能接收交流充电桩的电能，并通过高压线束将电能输送给车载充电机，车载充电机将交流电转化为直流电再传递给动力电池，为其充电。交流充电接口高压线束组成如图 3-1-5 所示。

5. 直流充电口

直流充电口能接收直流充电桩的电能，并通过高压线束将电能输送给动力电池，为其充电。

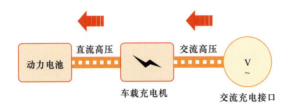

图 3-1-5 交流充电接口高压线束组成（吉利帝豪 PHEV 车型）

3.2 常见电动汽车高压配电系统

3.2.1 吉利帝豪 EV300

吉利帝豪 EV300 高压配电系统由分线盒、电机三相线束、直流母线、交流充电接口、直流充电接口以及高压线束组成，如图 3-2-1 所示。吉利帝豪 EV300 高压配电系统电气原理图如图 3-2-2 所示。

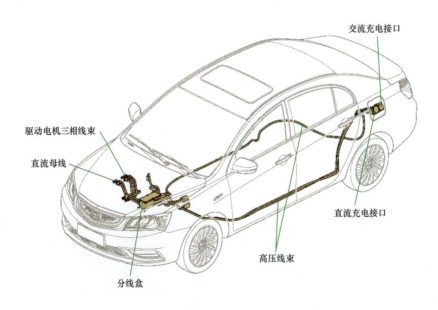

图 3-2-1 吉利帝豪 EV300 高压配电系统组成

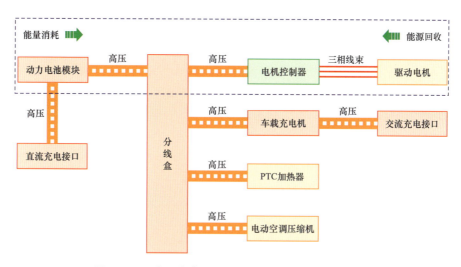

图 3-2-2　吉利帝豪 EV300 高压配电系统电气原理图

分线盒内对电动空调压缩机回路、PTC 加热器回路、交流慢充回路各设有一个 30 A 的熔断器。当上述回路电流超过 90 A 时,熔断器会在 15 s 内熔断;当回路电流超过 150 A 时,熔断器会在 1 s 内熔断,保护相关回路。吉利帝豪 EV300 高压配电系统部件组成及位置如图 3-2-3 所示。

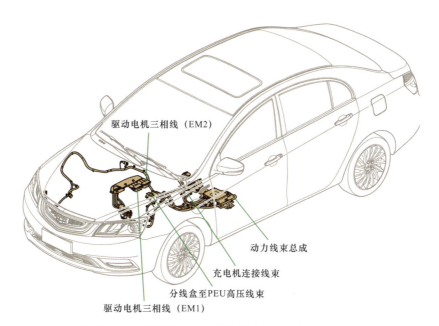

图 3-2-3　吉利帝豪 EV300 高压配电系统部件组成及位置

3.2.2　吉利帝豪 PHEV

吉利帝豪 PHEV 为插电式混合动力车型,车辆装配双驱动电机 EM1 和 EM2,两个电机均可用于驱动车辆和发电状态运行。电动状态下驱动电机通过逆变器从动力电池获取功率，作为辅助动力源为发动机提供辅助动力；发电状态时，可实现制动能量回收向动力电池充电。因此吉利帝豪 PHEV 车型高压配电系统相比纯电动车型有所区别，多了向双电机供电的一组三相线和油泵控制器供电线（可参考图 3-1-1，并对比吉利帝豪 EV300 配电系统）。

3.2.3 比亚迪 e6、e5

1. 比亚迪 e6

比亚迪 e6 高压配电箱安装在动力电池后部，拆开后排座椅可以看到高压配电箱，如图 3-2-4 所示。高压配电箱完成整车高压配电的同时还在车载充电器的配合下将充电电流导入动力电池，实现为动力电池的充电。其高压配电系统如图 3-2-5 所示。

高压配电箱内部安装有熔断丝和接触器，外围连接至各高压系统。比亚迪 e6 高压配

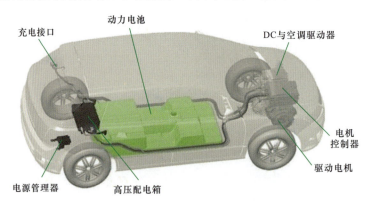

图 3-2-4　比亚迪 e6 高压配电箱安装位置

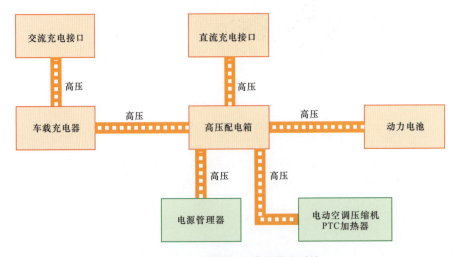

图 3-2-5　比亚迪 e6 高压配电系统

电箱外围连接如图 3-2-6 所示，内部结构如图 3-2-7 所示。

图 3-2-6　比亚迪 e6 高压配电箱外围连接

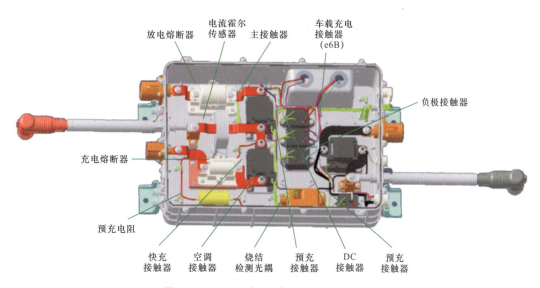

图 3-2-7　比亚迪 e6 高压配电箱内部结构

2. 比亚迪 e5

比亚迪 e5 高压配电系统集成在高压电控总成内，高压电控总成安装在前机舱内部。高压电控总成集成双向交流逆变式电动机控制模块、车载充电模块、DC/DC 转换器模块、高压配电模块和漏电传感器等。

3.2.4 北汽新能源

1. 北汽 EV200/EV160

北汽 EV200 电动汽车高压配电系统以高压控制盒为核心，完成动力电池电源的输出及分配，实现对支路用电器的保护及切断。北汽 EV200 高压控制盒安装在前机舱内，同时前机舱内还安装有电机控制器、DC/DC、车载充电机等高压部件，如图 3-2-8 所示。

图 3-2-8 高压控制盒安装位置

高压控制盒外围插接件由快充插接器、低压控制插接器、高压附件插接器、动力电池插接器和电机控制插接器组成，如图 3-2-9 所示。

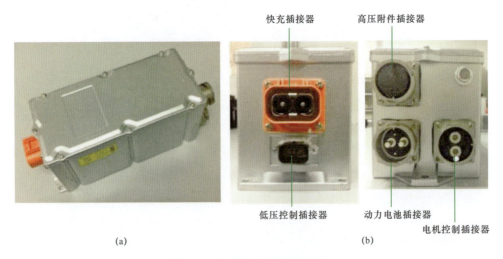

图 3-2-9 高压控制合外围插接器
（a）外形；（b）内部结构

高压控制盒内部由 4 个熔断器、PTC 控制板和快充继电器组成。4 个熔断器分别保护 PTC 电路、电动空调压缩机电路、DC/DC 电路和车载充电器电路。高压控制盒内部结构如图 3-2-10 所示。

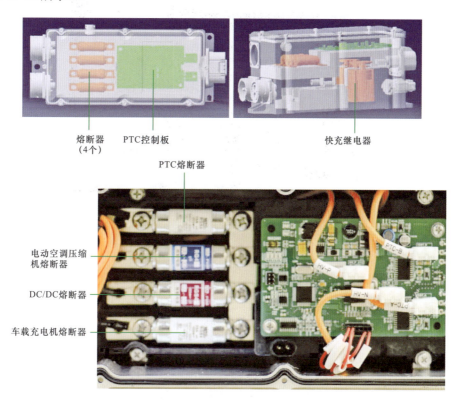

图 3-2-10　高压控制盒内部结构

2. 北汽 EU260

北汽 EU260 高压配电系统集成在 PEU 内部。PEU 将电机控制器、车载充电机、DC/DC 和高压控制盒、快充继电器、熔断器、互锁电路等集成在一起，如图 3-2-11 所示，其中车载充电机和互锁电路在 PEU 另一侧，图中无法看到。

PEU 内部有 4 个高压熔断器，分别为充电机、PTC 加热器、电动空调压缩机、DC/DC 提供高压电并保护其电路，如图 3-2-12 所示。

3.2.5　荣威 E50

荣威 E50 高压配电系统由高压配电单元（PDU）、高压配电单元线束、电动空调压缩机线束、PTC 加热器线束、驱动电机线束和充电线束组成，如图 3-2-13 所示。

（1）高压配电单元。高压配电单元安装在前机舱内，其主要作用是将动力电池的高压电分配给各高压用电器；同时对电动空调压缩机和 PTC 加热器高压回路进行过流保护。

图 3-2-11 北汽 EU260 PEU 的组成

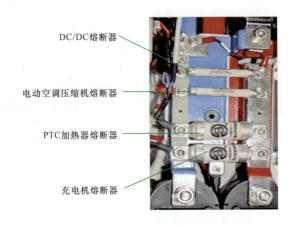

图 3-2-12 高压熔断器

（2）高压配电单元线束。其安装在车身底板上，连接动力电池和 PDU，主要功能是将动力电池的高压直流电引入 PDU。

（3）电动空调压缩机线束。其位于前机舱内，连接 PDU 和电动空调压缩机，主要作用是将高压直流电供给电动空调压缩机。

（4）PTC 加热器线束。从乘客舱车身前围处到前机舱和底板下，连接 PDU 和 PTC 加热器。其主要作用是将 PDU 的高压直流电供给加热器。

（5）驱动电机线束。其位于前机舱，连接 PEB 和驱动电机，主要作用是将 PEB 上的三相交流电供给驱动电机。

（6）充电线束。快充线束位于前机舱，连接快充充电接口和 PDU。其作用是将快充充电接口流入的高压直流电通过 PDU 引入动力电池。

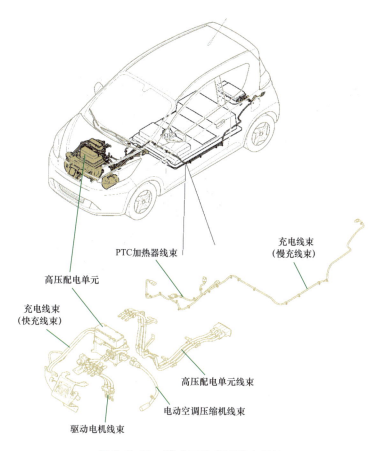

图 3-2-13　荣威 E50 高压配电系统

慢充充电线束位于车底板处至车身后部慢充充电接口。其作用是将慢充充电器的直流电传给高压电池组。

3.2.6　知豆微行电动汽车

知豆微行电动汽车高压配电系统是以分线盒为核心，起到高压电分配、过流短路保护等功能，为电机控制器及驱动电机、DC/DC 转换器和空调系统等高压用电器提供电源输入，并提供充电机至动力电池的充电输入。知豆微行电动汽车高压配电系统的组成如图 3-2-14 所示。

3.2.7　奇瑞 QQ EV

奇瑞 QQ EV 高压配电系统是以接线盒为中心，通过高压电缆将整车各高压用电器连接起来，主要涉及的组件有动力电池、车载充电机、充电接口、PTC 加热器、DC/DC 转换器、

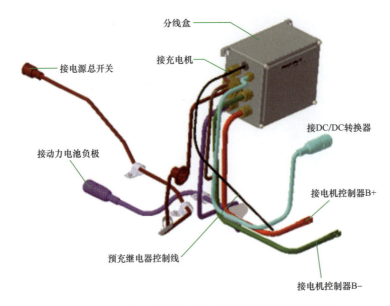

图 3-2-14 知豆微行电动汽车高压配电系统的组成

电机控制器（MCU）、接线盒等。其高压配电系统具体连接方式如图 3-2-15 所示。

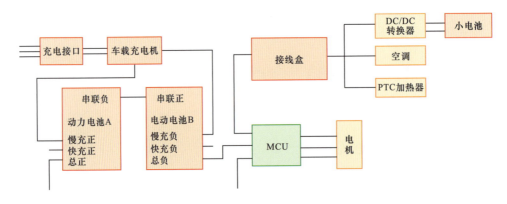

图 3-2-15 奇瑞 QQ EV 高压配电系统具体连接方式

3.2.8 长安逸动 EV

长安逸动 EV 高压配电系统以高压电器盒总成为核心，将动力电池高压电分配成五路，分别为电机控制器、PTC 加热器、电动空调压缩机、车载充电机和 DC/DC 转换器供高压电，其中 PTC 加热器、空调压缩机、充电机和直流变换器各配电支路串接 30 A 熔断丝，起保护作用。长安逸动 EV 高压配电系统如图 3-2-16 所示。

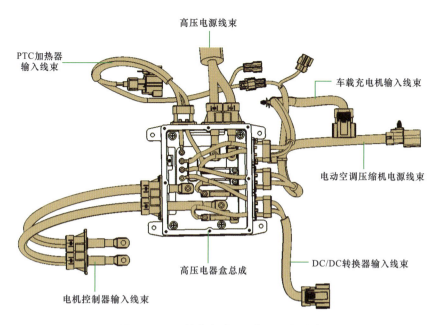

图 3-2-16　长安逸动 EV 高压配电系统

3.2.9　广汽传祺 GE3

广汽传祺 GE3 高压配电系统由高压线束和高压配电盒组成。

1. 高压线束

广汽传祺 GE3 橙色高电压、大电流高压线，从整车底盘位置的动力电池开始，沿着地板加强件侧延伸到发动机舱内，用于连接动力电池、高压液体加热器、电机控制器、PTC 加热器、车载充电机总成、电动空调压缩机等大功率电气设备。

高压线束电流从动力电池到高压液体加热器、电机控制器、PTC 加热器、车载充电机总成和电动空调压缩机为高压直流电。从电机控制器到驱动电机为高压交流电。

驱动电机高压线束是高电压、大电流的电缆，属于高压交流电，位于发动机舱内，用于连接电机控制器与驱动电机。充电插座线束也是高电压、大电流的电缆，位于车身底部，用于车辆充电。

传祺 GE3 整车高压线束有 6 条（图 3-2-17），动力电池高压线束、驱动电机高压线束、电机控制器高压线束、空调系统高压线束、HVH（动力电池加热器）高压线束、充电高压线束（图 3-2-17 中未给出）。

高压线束在电动汽车中属于高安全件，主要用来将动力电池与各高压用电器连接，实现高压用电器取电及给动力电池充电功能。高压线束有以下重要特征：

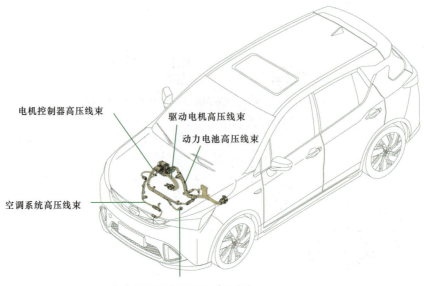

图 3-2-17 广汽传祺 GE3 高压线束组成

（1）工作电压高（300 V 以上），过大电流，线径粗（50 mm²、35 mm²、4 mm²、3 mm²、2.5 mm²）；

（2）高压线束耐压与耐温等级的性能远高于低压线束等级，所有高压插件都需达到 IP67；

（3）因高压已超出人体安全电压，车身不可作搭铁点，直流高压回路必须严格执行双轨制；

（4）考虑到电磁干扰的因素，整个高压系统均由屏蔽层全部包覆。

2. 高压配电盒

广汽传祺 GE3 高压配电盒与之前介绍的其他车型相同，起到电源分配和电路保护作用，其分解图如图 3-2-18 所示。

3.2.10 宝马新能源

宝马电动汽车（宝马 i8、i3、F18 530LePHEV、X1 xDrive 25Le PHEV）的高压配电系统集成于电机电子装置（MEM）中。电机电子装置（MEM）集成电机控制器、DC/DC、DC/AC、高压电分配管理器等。宝马 X1 xDrive 25Le PHEV 电机电子装置安装位置如图 3-2-19 所示。

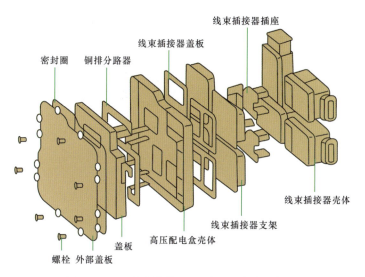

图 3-2-18　广汽传祺 GE3 高压配电盒分解图

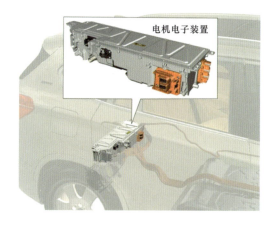

图 3-2-19　宝马 X1 xDrive 25Le PHEV 电机电子装置安装位置

3.3　高压配电系统的更换

3.3.1　分线盒的拆装要点

（1）打开前机舱，断开蓄电池负极电缆。按照本书 1.3.3 所示方法拆卸手动维修开关，全车高压下电。

（2）拆卸电机控制器上盖的 8 个螺栓，取下电机控制器上盖，如图 3-3-1 所示。

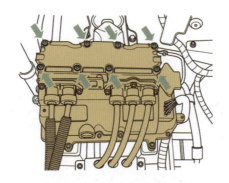

图 3-3-1 拆卸电机控制器上盖螺栓

（3）拆卸分线盒总成外围导线连接。

① 分别断开分线盒低压线束插接器和分线盒侧直流母线插接器，如图 3-3-2 所示。

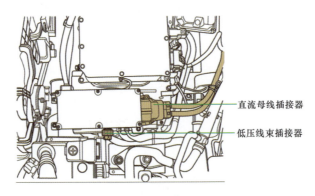

图 3-3-2 断开低压线束插接器和直流母线插接器

② 如图 3-3-3 所示，在电机控制器侧先断开分线盒与电机控制器连接的高压线束插接器的 2 个固定螺栓；再断开分线盒与电机控制器连接线束端子的 2 个固定螺栓；最后从电机控制器侧取下线束。

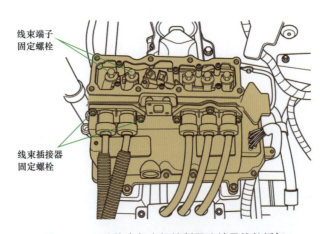

图 3-3-3 分线盒与电机控制器连接导线的拆卸

③ 如图 3-3-4 所示,从分线盒上先断开 PTC 加热器高压线束,再断开充电机高压线束,最后断开电动空调压缩机高压线束。

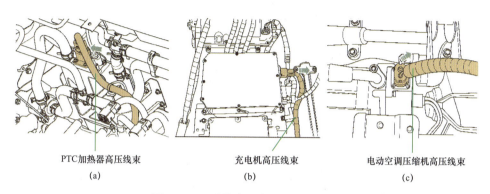

PTC加热器高压线束
(a)

充电机高压线束
(b)

电动空调压缩机高压线束
(c)

图 3-3-4　分线盒上断开各高压线束

(4) 拆卸分线盒总成。

如图 3-3-5 所示,拆卸 4 个分线盒固定螺栓,脱开线束固定卡扣,取出分线盒总成。

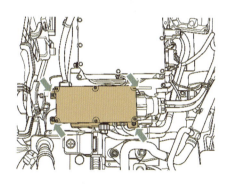

图 3-3-5　拆卸分线盒总成

3.3.2　驱动电机三相线束的更换要点

(1) 打开前机舱,断开蓄电池负极电缆。按照本书 1.3.3 所示方法拆卸手动维修开关,全车高压下电。

(2) 参照图 3-3-1 拆卸电机控制器上盖。

(3) 从电机控制器上拆卸驱动电机三相线束。

如图 3-3-6 所示,先拆卸电机控制器侧驱动电机三相线束插接器的 3 个固定螺栓;再拆卸三相线束端子的 3 个固定螺栓;最后从电机控制器上取下三相线束。

(4) 电机侧三相线束的拆卸。

① 如图 3-3-7 所示,首先拆卸三相线束支架的 2 个固定螺栓;再拆卸三相线束插接器的 3 个固定螺栓;最后拆卸电机线束盖板的 6 个固定螺栓,取下电机线束盖板及密封垫。

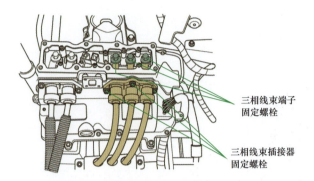

图 3-3-6 电机控制器三相线束的拆卸

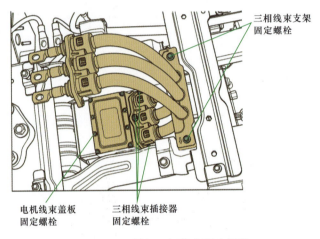

图 3-3-7 拆卸三相线束固定螺栓

② 如图 3-3-8 所示,拆卸三相线束端子的 3 个固定螺栓,取下三相线束。

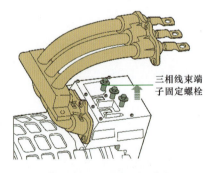

图 3-3-8 拆卸三相线束

3.3.3 直流母线的更换要点

(1) 打开前机舱,断开蓄电池负极电缆。按照本书 1.3.3 所示方法拆卸手动维修开关,全车高压下电。

（2）举升车辆。断开动力电池侧直流母线插接器，如图 3-3-9 所示。

（3）降下车辆。在前机舱分线盒侧断开直流母线总成线束插接器，如图 3-3-10 所示。

（4）如图 3-3-11 所示，脱开直流母线总成固定卡扣，取下直流母线总成。

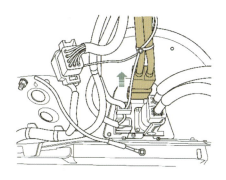

图 3-3-9　断开动力电池侧直流母线插接器

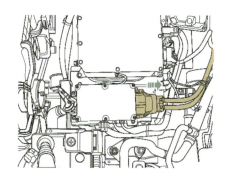

图 3-3-10　断开直流母线总成线束插接器（分线盒侧）

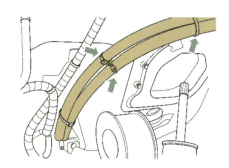

图 3-3-11　拆卸直流母线总成固定卡扣

3.3.4　吉利帝豪 PHEV 分线盒总成的更换

1. 拆卸步骤

（1）拆卸前的准备。

打开行李厢盖，断开蓄电池导线连接，拆卸手动维修开关。

（2）断开分线盒上的线束连接。

举升车辆，分别从分线盒上断开 PTC 加热器高压线束、电动空调压缩机高压线束、油泵控制器高压线束、信号线束，如图 3-3-12 所示。

（3）拆卸隔热罩 5 个固定螺栓，如图 3-3-13 所示。

（4）从分线盒上断开动力电池高压线束插接器，如图 3-3-14 所示。

（5）拆卸动力电池高压线束支架的 2 个固定螺栓，如图 3-3-15 所示。

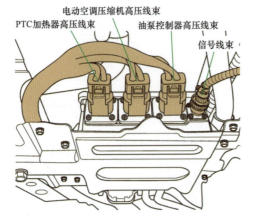
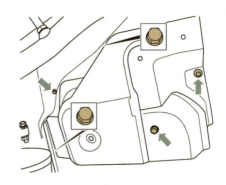

图 3-3-12　断开分线盒上的线束连接　　　图 3-3-13　拆卸隔热罩固定螺栓

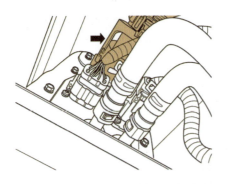
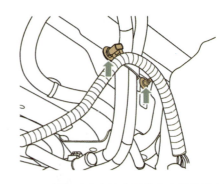

图 3-3-14　断开动力电池高压线束插接器　　图 3-3-15　拆卸动力电池高压线束支架的固定螺栓

(6) 脱开动力电池高压线束固定卡扣，如图 3-3-16 所示。

(7) 首先从分线盒上断开高压线束插接器；其次拆卸分线盒总成安装支架的 4 个固定螺栓，最后取下分线盒总成及安装支架，如图 3-3-17 所示。

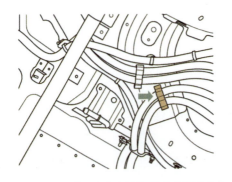
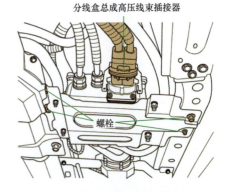

图 3-3-16　脱开动力电池高压线束固定卡扣　　图 3-3-17　拆卸分线盒总成

(8) 拆卸分线盒总成与安装支架的 4 个固定螺栓，分离分线盒总成与安装支架，如图 3-3-18 所示。

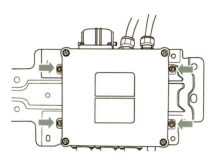

图 3-3-18　分离分线盒总成和安装支架

2. 安装注意事项

安装按照拆卸相反的顺序进行，同时注意螺栓的拧紧力矩。

分线盒总成与分线盒安装支架的 4 个固定螺栓（参照图 3-3-18）拧紧力矩为 9 N·m；分线盒安装支架 4 个固定螺栓（参照图 3-3-17）拧紧力矩为 45 N·m；动力电池高压线束支架 2 个固定螺栓（参照图 3-3-15）拧紧力矩为 9 N·m；隔热罩 5 个固定螺栓（参照图 3-3-13）拧紧力矩为 10 N·m。

3.3.5　比亚迪 e6 高压配电箱的拆装

1. e6 高压配电箱拆装注意事项

e6 高压配电箱属于高压危险产品，维修人员拆装过程需注意以下事项：

（1）高压配电箱卸下前应立即断开电池维修开关，且对开关插座进行覆盖绝缘保护。

（2）动力电池动力输出口插座必须进行绝缘覆盖保护，避免异物落入造成触电。

（3）拆卸过程中，注意线束不得用力拉拔、过度弯曲，以防信号线受损坏。

（4）高压配电箱不可随意开盖，要避免异物、液体等进入配电箱内部；高压配电箱拆卸过程中注意零部件标识，以免遗漏或装错。

（5）高压配电箱的拆卸和安装过程禁止以下行为：暴力拆卸、跌落、碰撞、重压组件线路过度拉扯等非正常工作行为；禁止非工作人员拆卸。

2. 拆卸流程

高压配电箱拆卸流程如图 3-3-19 所示。

（1）断开维修开关。

参见本书第 1 章"1.3.3"相关内容。

（2）拆卸后排座椅。

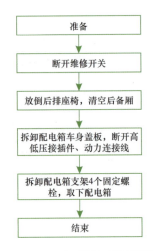

图 3-3-19　高压配电箱拆卸流程

① 取下后排座椅两侧螺钉盖板，如图 3-3-20 所示。

② 同时拉动座椅两侧折弯处黑色拉绳，将座椅靠背前倾，如图 3-3-21 所示。

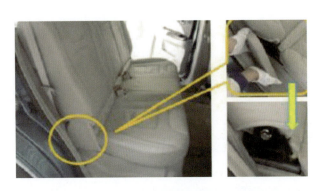

图 3-3-20　取下后排座椅两侧螺钉盖板

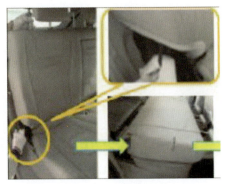

图 3-3-21　将座椅靠背前倾

（3）拆卸动力、信号、高压连接线。

① 打开后备厢，取出物品，如图 3-3-22 所示。

② 拆卸高压配电箱保护盖板固定螺钉，如图 3-3-23 所示。

③ 拔掉高压配电箱保护盖板上的信号连接线接口，如图 3-3-24 所示。

④ 取出高压配电箱保护盖板，如图 3-3-25 所示。

⑤ 取掉正负极插接件的红色卡扣，轻提黑色卡扣，听到"咔"声响后，拔掉插接件，对正负极接口用保护套保护，如图 3-3-26 所示。

⑥ 拆掉所有信号线及高压线，如图 3-3-27 所示。

（4）拆卸高压配电箱。

拆卸高压配电箱的 4 个固定螺栓，取下高压配电箱。

图 3-3-22　取出后备厢物品

图 3-3-23　拆卸保护盖板固定螺钉

图 3-3-24　拔掉信号连接线接口

图 3-3-25　取出高压配电箱保护盖板

图 3-3-26　拔掉插接件

图 3-3-27　拆掉所有信号线及高压线

3.4　高压配电系统常见故障诊断与排除

3.4.1　高压配电系统故障两例

1. 充电线束造成的仪表显示 READY 但车辆无法显示故障排除

1）故障现象

北汽 E150 EV 纯电动车使用充电桩充满电时，充电接口盖关闭，将点火开关置于 ON 挡以后，仪表显示 READY、整车系统故障灯亮，动力电池断开报警，车辆无法行驶。

2）诊断思路

可能原因有动力电池故障、挡位开关故障、电机控制器故障、微动开关故障。

3）故障诊断与排除

经过试车此故障现象出现，使用故障检测仪检测出故障码 P0035（预充电故障），经过故障代码的分析初步判断为电机控制器。电机控制器低压插头拔下后，将万用表旋至直流电压挡，万用表的表笔两端分别与电机控制器的线束输入端插件 64 号与 E2 线连接，显示 13.5 V 属正常，通过检查低压熔断盒充电继电器 J2 正常，再检查充电线束微动开关，将万用表的表笔两端分别与微动开关测量通断，测量发现微动开关损坏，造成车辆掉高压不能行驶，更换充电线束故障解决。

2. 高压电路绝缘故障

1）故障现象

北汽 E150 EV 点火开关旋至 ON 挡，仪表显示整车系统故障、动力电池故障、绝缘低故障灯亮。

2）诊断思路

可能原因有高压电路绝缘故障、动力电池内部绝缘故障、电机绝缘故障、空调压缩机绝缘故障、PTC加热器绝缘故障、真空泵控制器故障。

3）故障诊断与排除

将车辆下电，断开低压蓄电池负极再拔下动力电池端高压线束，用绝缘表检测动力电池输出端的绝缘情况，结果显示绝缘电阻正常，可以断定是动力电池以外部分的绝缘故障；依次检测高压控制器及高压线束、空调压缩机及高压线束、PTC加热器高压线束、DC/DC及高压线束、充电机及高压线束、驱动电机控制器及高压线束。检测驱动电机高压线束到电机部分显示绝缘为0Ω，拆下电机端连接线再次测量电机高压线束绝缘电阻为0Ω，测量电机接线端绝缘电阻正常，确定电机高压线束绝缘故障，更换电机高压线束故障排除。

3.4.2 高压配电系统常见故障诊断

1. 充电机回路故障诊断与排除

充电机回路故障主要表现为插上充电枪后，动力电池不充电、充电灯不亮、充电机保护等。常见故障点有分线盒熔断器熔断、充电回路断路、充电回路绝缘故障、充电回路短路故障和分线盒故障等。充电回路电路图如图3-4-1所示，充电机回路故障诊断与排除流程如图3-4-2所示。

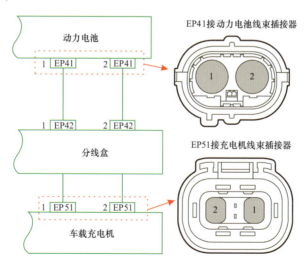

图3-4-1 充电回路电路图

注意：

在执行本诊断步骤前，观察故障诊断仪的数据列表，分析各项数据的准确性，这样有助于快速排除故障。

```
┌─────────────────────────────────────────┐
│ 1. 使用故障诊断仪读取故障代码。              │         ┌──────────────────────┐
│  (1) 操作起动开关使电源模式至ON状态。        │   是    │ 优先排除其他故障代码指示 │
│  (2) 连接故障诊断仪,读取系统故障代码。       ├────────→│ 故障                  │
│  (3) 确认系统是否存在其他故障代码           │         └──────────────────────┘
└─────────────────────────────────────────┘
              │ 否
              ↓
┌─────────────────────────────────────────┐
│ 2. 检查分线盒熔断器是否熔断。               │         ┌──────────────────────┐
│  (1) 操作起动开关使电源模式至OFF状态。       │   否    │ 检修熔断器线路,更换额定 │
│  (2) 断开蓄电池负极电缆。                   ├────────→│ 容量熔断器             │
│  (3) 拆卸维修开关。                         │         └──────────────────────┘
│  (4) 拆卸分线盒上盖,用万用表测量分线盒熔断器两端的电阻,│
│      标准电阻:小于1 Ω。                    │
│  (5) 确认测量值是否符合标准                  │
└─────────────────────────────────────────┘
              │ 是
              ↓
┌─────────────────────────────────────────┐
│ 3. 检查回路绝缘故障。                       │
│  (1) 操作起动开关使电源模式至OFF状态。       │
│  (2) 断开蓄电池负极电缆。                   │
│  (3) 拆卸维修开关。                         │         ┌──────────────────────┐
│  (4) 断开车载充电机线束插接器EP51。          │   否    │ 修理或更换线束         │
│  (5) 用万用表测量车载充电机线束插接器EP51端子1和分├───→│                      │
│      线盒壳体之间的电阻。                    │         └──────────────────────┘
│      标准电阻:大于或等于20 MΩ              │
│  (6) 用万用表测量车载充电机线束插接器EP51端子2和分│
│      线盒壳体之间的电阻。                    │
│      标准电阻:大于或等于20 MΩ              │
│  (7) 确认测量值是否符合标准                  │
└─────────────────────────────────────────┘
              │ 是
              ↓
┌─────────────────────────────────────────┐
│ 4. 检查回路断路故障。                       │
│  (1) 操作起动开关使电源模式至OFF状态。       │
│  (2) 断开蓄电池负极电缆。                   │
│  (3) 拆卸维修开关。                         │
│  (4) 断开直流母线线束插接器EP41。           │
│  (5) 断开车载充电机线束插接器EP51。         │         ┌──────────────────────┐
│  (6) 用万用表测量直流母线线束插接器EP41端子1和车载充电机│ 否  │ 修理或更换线束       │
│      线束插接器EP51端子1之间的电阻。        ├────────→│                      │
│      电阻标准值:小于1 Ω                    │         └──────────────────────┘
│  (7) 用万用表测量直流母线线束插接器EP41端子2和车载充电机│
│      线束插接器EP51端子2之间的电阻。        │
│      电阻标准值:小于1 Ω                    │
│  (8) 确认测量值是否符合标准                  │
└─────────────────────────────────────────┘
              │ 是
              ↓
┌─────────────────────────────────────────┐
│ 5. 检查回路相互短路故障。                   │
│  (1) 操作起动开关使电源模式至OFF状态。       │
│  (2) 断开蓄电池负极电缆。                   │
│  (3) 拆卸维修开关。                         │         ┌──────────────────────┐
│  (4) 断开车载充电机线束插接器EP51。          │   否    │ 修理或更换线束         │
│  (5) 断开分线盒其他所有高压线束插接器。       ├────────→│                      │
│  (6) 用万用表测量车载充电机线束插接器EP51端子2与端子1│         └──────────────────────┘
│      之间的电阻。                           │
│      标准电阻:大于或等于20 MΩ              │
│  (7) 确认测量值是否符合标准                  │
└─────────────────────────────────────────┘
              │ 是
              ↓
┌─────────────────────────────────────────┐
│ 6. 更换分线盒。                             │
│  (1) 操作起动开关使电源模式至OFF状态。       │
│  (2) 断开蓄电池负极电缆。                   │
│  (3) 拆卸维修开关。                         │
│  (4) 更换分线盒。                           │
│  (5) 确认故障排除                           │
└─────────────────────────────────────────┘
              ↓
┌─────────────────────────────────────────┐
│ 7. 诊断结束。                               │
└─────────────────────────────────────────┘
```

图 3-4-2　充电机回路故障诊断与排除流程

2. 空调压缩机回路故障诊断与排除

空调压缩机回路故障主要表现为压缩机不工作，压缩机无电压供电，造成以上故障主要由分线盒内熔断器熔断，高压供电回路出现断路、短路绝缘故障等。空调压缩机回路电路图如图 3-4-3 所示，其故障诊断与排除流程如图 3-4-4 所示。

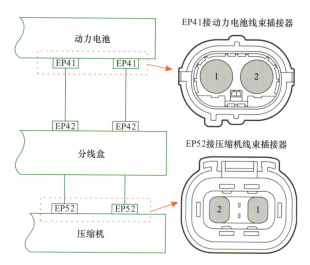

图 3-4-3　空调压缩机回路电路图

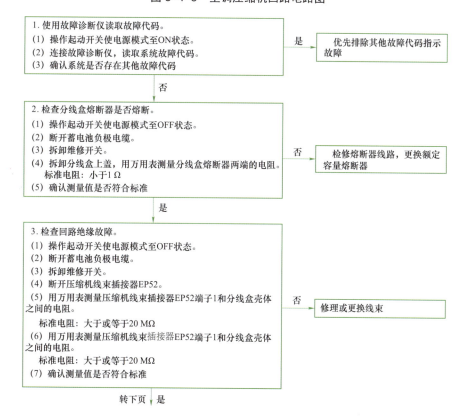

图 3-4-4　压缩机回路故障诊断与排除流程

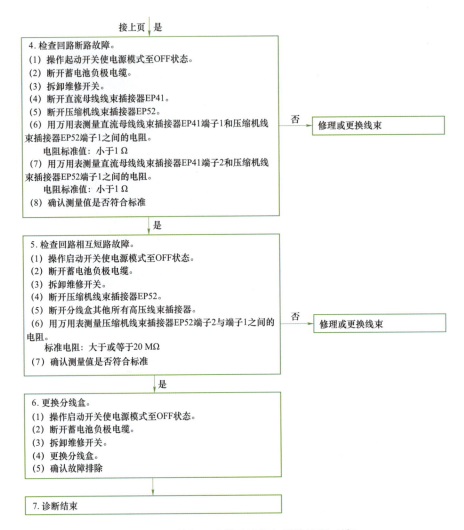

图 3-4-4 压缩机回路故障诊断与排除流程（续）

注意：

在执行本诊断步骤之前，观察故障诊断仪的数据列表，分析各项数据的准确性，这样有助于快速排除故障。

3. PTC 加热器回路故障诊断与排除

PTC 加热器回路故障主要表现为空调暖风系统不制暖。主要故障点为分线盒内 PTC 熔断器熔断，PTC 回路出现断路、短路、绝缘故障等。PTC 加热器电路图如图 3-4-5 所示。其故障诊断与排除流程如图 3-4-6 所示。

注意：

在执行本诊断步骤之前，观察故障诊断仪的数据列表，分析各项数据的准确性，这样有助于快速排除故障。

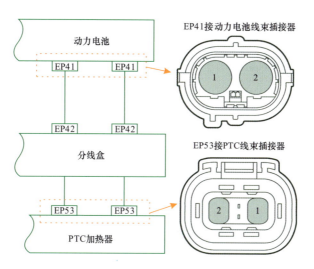

图 3-4-5 PTC 加热器电路图

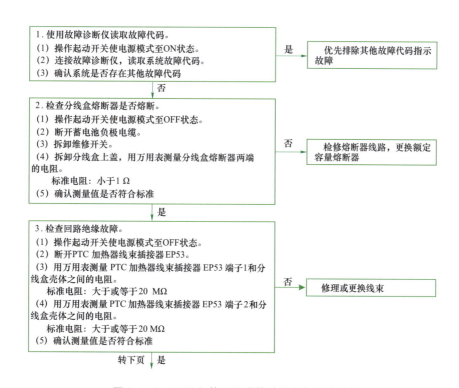

图 3-4-6 PTC 加热器回路故障诊断与排除流程

接上页 ↓ 是

4. 检查回路断路故障。
(1) 操作起动开关使电源模式至OFF状态。
(2) 断开蓄电池负极电缆。
(3) 拆卸维修开关。
(4) 断开直流母线线束插接器EP41。
(5) 断开PTC加热器线束插接器EP53。
(6) 用万用表测量直流母线线束插接器EP41端子1和PTC加热器线束插接器EP53端子1之间的电阻。
电阻标准值：小于1 Ω
(7) 用万用表测量直流母线线束插接器EP41端子2和PTC加热器线束插接器EP53端子2之间的电阻。
电阻标准值：小于1 Ω
(8) 确认测量值是否符合标准

→ 否 → 修理或更换线束

↓ 是

5. 检查回路相互短路故障。
(1) 操作起动开关使电源模式至OFF状态。
(2) 断开蓄电池负极电缆。
(3) 拆卸维修开关。
(4) PTC加热器线束插接器EP53。
(5) 断开分线盒其他所有高压线束插接器。
(6) 用万用表测量PTC加热器线束插接器EP53端子2与端子1之间的电阻。
标准电阻：大于或等于20 MΩ
(7) 确认测量值是否符合标准

→ 否 → 修理或更换线束

↓ 是

6. 更换分线盒。
(1) 操作起动开关使电源模式至OFF状态。
(2) 断开蓄电池负极电缆。
(3) 拆卸维修开关。
(4) 更换分线盒。
(5) 确认故障排除

↓

7. 诊断结束

图 3-4-6　PTC 加热器回路故障诊断与排除流程（续）

第 4 章 驱动系统与驱动电机

4.1 电动汽车中驱动系统概述

电动汽车驱动系统主要由驱动电机、电机控制器、减速器等组成。

（1）驱动电机是整车的动力核心，相当于燃油车的发动机，将动力电池提供的电能转换成动能通过减速器、半轴驱动电动汽车行驶。

（2）电机控制器根据制动踏板和加速踏板的输入信号，发出相应的控制指令来控制驱动电机的转速及旋转方向，从而驱动电动汽车行驶。

（3）减速器是将电机的高速运转通过齿轮传动变成低速大扭矩动能的装置。它不同于传统汽油车的变速箱，减速器只有固定减速比，没有调速功能，速度以及方向的变化是通过电机来实现的。

首先介绍常见混合动力车型和纯电动车型的驱动系统形式。

4.1.1 混合动力汽车驱动系统

1. 串联式混合动力驱动

车辆的驱动力只来自驱动电机。发动机带动发电机发电，电能通过驱动电机控制器输送给驱动电机，由驱动电机驱动车辆行驶，此外动力电池也可以单独向驱动电机提供电能驱动汽车行驶，如图 4-1-1 所示。串联式混合动力驱动应用车型如雪佛兰 VOLT、广汽新能源 AG 等。

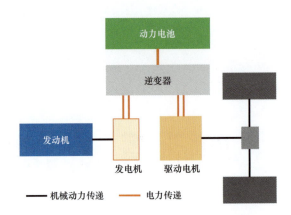

图 4-1-1　串联式混合动力驱动单元示意图

2. 并联式混合动力驱动

车辆的驱动力由发动机和驱动电机共同提供。可以单独使用发动机或驱动电机作为动力源，也可以同时使用驱动电机和发动机作为动力源驱动汽车行驶，如图 4-1-2 所示。并联式混合动力驱动应用车型有如奥迪 Q5 hybrid quattro、宝马 F18 PHEV 等。

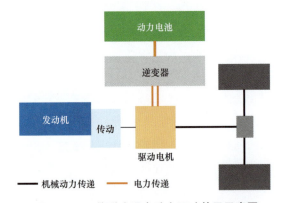

图 4-1-2　并联式混合动力驱动单元示意图

3. 混联式混合动力驱动

具备串联式和并联式两种结构的混合动力汽车，其特点是可以在串联混合模式下工作，也可以在并联混合模式下工作。混联式混合动力系统多了动力分配装置，动力一部分用于驱动车轮，另一部分用于发电，如图 4-1-3 所示。混联式混合动力驱动应用车型有丰田普锐斯、凯美瑞、卡罗拉双擎、雷凌双擎等。

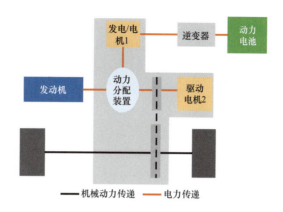

图 4-1-3　混联式混合动力驱动单元示意图

4.1.2　电动汽车驱动系统

1. 纯电动汽车驱动系统

纯电动汽车以驱动电机作为动力源,没有混合动力汽车驱动单元内部需要兼顾内燃机与电力驱动两个动力的复杂连接结构。即便是部分安装有发动机的增程电动车,发动机不参与动力传递,只是带动发电机为动力电池补充电能。

纯电动汽车驱动单元主要由大功率的驱动电机和用于将电机进行减速的行星齿轮减速机构,或者其他形式的减速齿轮机构组成,同时根据驱动单元的设计不同,有的车辆驱动单元还包括有差速机构。纯电动汽车驱动单元的基本结构如图 4-1-4 所示。

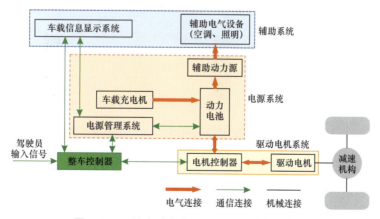

图 4-1-4　纯电动汽车驱动单元的基本结构

2. 插电式混合动力汽车驱动系统

插电式混合动力驱动系统需兼顾发动机、电机驱动系统功能，合理协调两者驱动形式。这里以比亚迪典型的 DM 双电机双模混动系统为例介绍插电式混合动力汽车驱动系统。

DM（Dual Mode 系统）指双模动力驱动系统。比亚迪 DM 系统采用插电式混合动力，拥有混动（HEV）和纯电动（EV）两种运行模式。整车拥有发动机、前桥电机及后桥电机 3 个动力源，其中任意一个可以正常工作，均可驱动整车。当在"HEV"混合动力工作模式下，发动机和电机共同驱动。比亚迪典型的 DM 双模驱动系统的组成如图 4-1-5 所示。

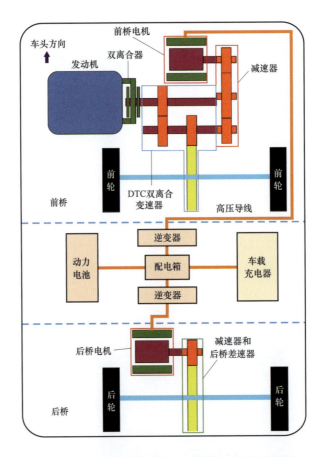

图 4-1-5　比亚迪典型的 DM 双模驱动系统的组成

比亚迪 DM 双模驱动系统有 EV 纯电动驱动模式、HEV 混动驱动模式、HEV 稳定发电模式和发动机单独驱动模式四种形式。

1）EV 纯电动驱动模式

EV 纯电动驱动模式的工作状态如图 4-1-6 所示。动力电池提供电能供电机驱动车辆，可以满足各种工况行驶,如起步、倒车、怠速、急加速及匀速行驶等,但在急加速、车速过高、爬坡、温度高、温度低、电量低等情况下,车辆可能会自动切换到 HEV 模式,如果继续使用 EV 模式行驶,可手动切换回 EV 模式。在温度高或温度低时建议继续使用 HEV 模式。

2)HEV 混动驱动模式

当驾驶员从 EV 模式切换到 HEV 模式后,车辆由发动机和电机共同驱动,实现了最佳的动力性,同时仍能保证混合动力系统具有良好的经济性。HEV 混动驱动模式的工作状态如图 4-1-7 所示。

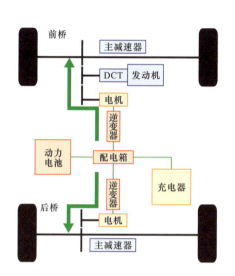
图 4-1-6 EV 纯电动驱动模式的工作状态

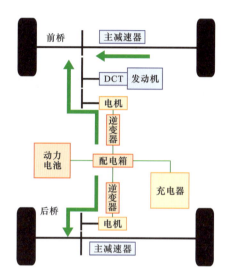
图 4-1-7 HEV 混动驱动模式的工作状态

3)HEV 稳定发电模式

当电量不足时,系统从 EV 模式自动切换到 HEV 模式,如图 4-1-8 所示。使用发动机驱动,在车辆以较稳定的速度行驶时,发动机输出的一部分扭矩会驱动电机进行发电,对动力电池进行充电。

4)发动机单独驱动模式

当高压系统故障时,可单独使用发动机驱动,实现了高压系统的独立性,如图 4-1-9 所示。如果在 -20 ℃以上环境中行驶,最好使用单独发动机驱动车辆。因为动力电池在低温环境下的性能会下降。为防止动力电池损坏,会出现如下情况:

(1)温度在 -30 ℃以下时,动力电池将无法进行充放电;

(2)温度在 -30 ℃~ -20 ℃之间时,动力电池可以放电但无法充电;

(3)温度在 -20 ℃以上时,动力电池可以充放电。

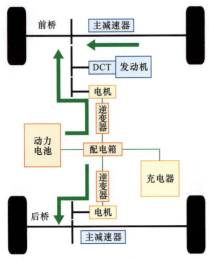

图 4-1-8 HEV 稳定发电模式

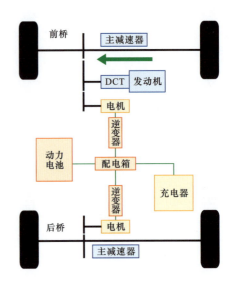

图 4-1-9 发动机单独驱动模式

4.2 电动汽车对电机的要求及电机分类

4.2.1 电动汽车对驱动电机的要求

电机（Electrical Machine）是将电能转换成机械能或将机械能转换成电能的装置，它具有能做相对运动的部件，是一种依靠电磁感应而运行的电磁机械。

驱动电机，也称为动力电机，是纯电动汽车的一种专用电机，担负着纯电动汽车的驱动功能，是纯电动汽车的心脏。驱动电机具有电动机的驱动功能，同时也具有发电机的发电功能，驱动电机能根据车辆工作状态实时调整其功能状态。驱动电机的性能直接影响着纯电动汽车的性能。

1. 电动汽车主要性能

（1）最大行驶里程（km）：电动汽车在动力电池充满电后的最大行驶里程。

（2）加速能力（s）：电动汽车从静止加速到一定的时速所需要的最小时间。

（3）最高时速（km/h）：电动汽车所能达到的最高时速。

2. 电动汽车对电机的要求

电动汽车的使用特点决定了驱动电机相比于普通工业电机有很大的不同。电动汽车的应用条件和工况对于驱动电机有一定的特殊要求。具体如下：

（1）电动汽车驱动电机通常要求可以频繁的起动／停车、加速／减速，因此转矩控制的动态性能要求较高。

（2）为了减少整车的质量，通常取消多级变速器，这就要求电机在车辆低速或爬坡工况时，可以提供较高的转矩，通常来说要能够承受 4～5 倍的过载。

（3）要求电机的调速范围尽量大，同时在整个调速范围内还需要保持较高的效率输出。

（4）电机设计时尽量设计为高额定转速，同时尽量采用铝合金等新型材料外壳，高速电机体积小，有利于减少电动汽车的质量。

（5）电机需具有制动能量回收发电功能。

（6）电动汽车所使用的电机工作环境更加复杂、恶劣，要求电机有很好的可靠性和环境适应性，同时还要保证电机生产的成本不能过高。

4.2.2 电机的类型及特点

1. 直流无刷电机

动力电池储存的直流电输出经过升压转换仍以直流电的形式驱动电机。直流电机分为有刷直流电机和无刷直流电机，有刷直流电机因维护不方便被无刷直流电机取代，无刷直流电机已成为入门级电动车所使用的最为普遍的一种类型。在技术特性上，无刷直流电机可分为具有直流电机特性的无刷直流电机以及具有交流电机特性的无刷直流电机。

由于直流电机转速范围不大，因此在行驶时如果不辅以二级减速器或变速器，车辆的最高时速会比较低，因此这种电机更适合小型车或微型车。早期知豆微行电动车使用了直流无刷电机，如图 4-2-1 所示。

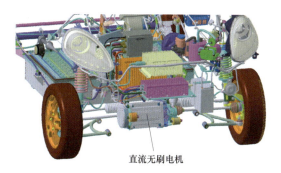

图 4-2-1　早期知豆微行电动车直流无刷电机安装位置

2. 异步电机

异步电机可归纳到交流电机范畴。异步电机具备变频调速的能力，其效果相当于装配有无级变速器的车辆在加速时发动机转速与车速线性的对应关系。对于倒车问题，异步电机也可轻易通过自身正反转的切换给予满足,功能上能够满足电动车的技术需求,但其自身结构并不复杂,具有坚固耐用、工作状态稳定、成本易控等优势。图4-2-2所示为特斯拉使用的异步电机组成的后驱动桥。

异步电机实现动能回收更为容易。当车辆滑行或制动时,车轮反拖电机转动,在这个工况下,电机可进行发电并将电能回收到电池中,以此延长车辆的续航里程。

3. 永磁同步电机

永磁同步电机的结构与上面提到的直流电机相似,因此它具备无刷直流电机结构简单、运行可靠、功率密度大、调速性能好等特点,同时由于永磁同步电机采用的驱动方式不同于直流电机,所以在噪声以及控制精度环节,永磁同步电机更胜一筹。永磁同步电机的体积更小,布置更为灵活,更轻的自重使整车质量有所减小。

永磁同步电机的外观如图4-2-3所示。有些插电式混合动力(PHEV)车型的电机集成在发动机和变速器之间,这种技术结构的插电式混动(PHEV)系统大多数使用的是永磁同步电机。图4-2-4所示为宝马X5(F15 PHEV)驱动电机安装位置,图4-2-5所示为宝马F18 PHEV车型驱动电机结构。

图4-2-2 特斯拉使用的异步电机组成的后驱动桥

图4-2-3 永磁同步电机的外观

4. 开关磁阻电机

开关磁阻电机(图4-2-6)是一个很具发展潜力的电机,在同样具备结构简单、坚固耐用、工作可靠、效率高等优势外,它的调速系统可控参数多,经济指标比其他类型电机都要好,功率密度更高,电流达到额定电流的15%时即可实现100%的起动转矩。另外,更小的体积也使得电动车的整车设计更为灵活,可以将更大的空间贡献给车内,更为重要的是这种电机的成本不高。

磁阻电机的结构虽然简单,但控制系统的设计相对复杂,特别是在研发阶段,现有技术很难为其建立准确的数学模型。在实际运转过程中,电机本身发出的噪声以及振动是电动车无法"容忍"的,尤其是负载运行的工况下,这两点尤为明显。综上所述,这类电机

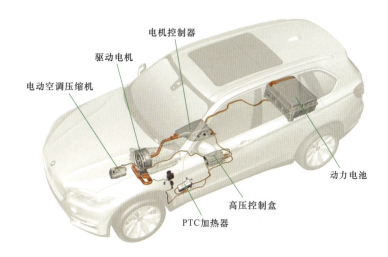

图 4-2-4 宝马 X5（F15 PHEV）驱动电机安装位置

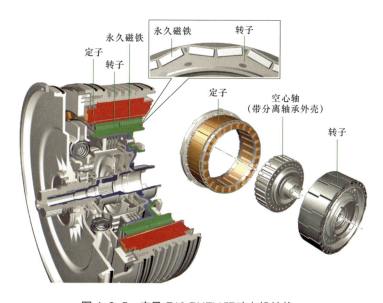

图 4-2-5 宝马 F18 PHEV 驱动电机结构

或许在未来能够通过技术优化克服以上两点致命硬伤，从而广泛应用于电动车领域，能够帮助电动车的续航里程有所提升。

5. 轮毂电机

轮毂电机诞生于 100 年前，现在仍旧停留在概念阶段。目前，很多配套厂商都能够拿出轮毂电机（图 4-2-7）以及驱动车桥的设计方案，但少有厂商能够予以采纳，轮毂电机给簧下质量带来过重的负担，进而影响车辆的操控性能。

图 4-2-6　开关磁阻电机

图 4-2-7　轮毂电机

4.3　常见电动汽车驱动

驱动电机是电动汽车三大核心部件之一，是车辆行驶的主要执行机构，其特性决定了车辆的主要性能指标，直接影响车辆动力性、经济性和舒适性。电动汽车的电驱动系统由驱动电机、驱动电机控制器、减速机构和冷却系统组成，通过高低压线束、冷却管路与整车其他系统连接。

1. 比亚迪 e6

比亚迪 e6 驱动电机和变速箱组成动力总成，安装在车辆前部。其参数如表 4-3-1 所示，其外观如图 4-3-1 所示。

表 4-3-1　比亚迪 e6 驱动电机及变速箱参数

技术指标	技术参数	技术指标	技术参数
电机最大输出转矩	450 N·m	总传动比	6.417
电机最大输出功率	120 kW	传动比	1.667
电机最大输出转速	7 500 r/min	主减速传动比	3.85
动力总成质量	130 kg	变速箱润滑油量	3.7 L
电机油量	2 L		

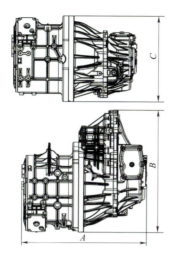 

图 4-3-1　比亚迪 e6 动力总成外观

比亚迪 e6 采用交流无刷永磁同步电机，额定功率 75 kW，最大功率 120 kW，电机由外圈定子和内圈转子组成，如图 4-3-2 所示，是汽车的唯一动力源，可向外输出扭矩，驱动汽车前进和后退。同时也可以作为发电机发电，在高坡下滑、高速滑行以及制动过程中把势能或者动能通过电机转化为电能存储到动力电池中。比亚迪 e6 驱动电机具有高密度、小型轻量化、高效率、高可靠性、高耐久性和强适应性等特点。

2. 吉利帝豪 EV300

吉利帝豪 EV300 采用永磁交流同步驱动电机，驱动电机安装位置如图 4-3-3 所示。驱动电机由转子总成、旋变转子、定子壳体总成以及前后端盖等组成，如图 4-3-4 所示。

驱动电机参数如表 4-3-2 所示。

图 4-3-2　比亚迪 e6 驱动电机的结构　　　　图 4-3-3　驱动电机安装位置

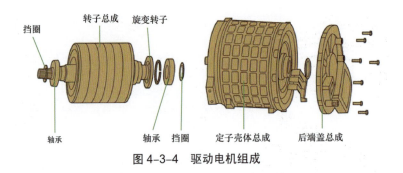

图 4-3-4 驱动电机组成

表 4-3-2 驱动电机参数

项目	参数
额定功率	42 kW
峰值功率	95 kW
额定转矩	105 N·m
峰值转矩	240 N·m
额定转速	4 000 r/min
峰值转速	11 000 r/min
电机旋转方向	从轴伸端看电机逆时针旋转
温度传感器类型	NTC

驱动电机工作原理如下：

当由电机控制器提供的三相交流电被接入到定子线圈中，即产生旋转的磁场，这个旋转的磁场牵引转子内部的永磁体，产生和旋转磁场同步的旋转扭矩，如图4-3-5所示。

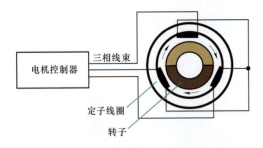

图 4-3-5 驱动电机工作原理

使用旋转变压器检测转子的位置和电流传感器检测线圈的电流，从而控制驱动电机的扭矩输出。

旋变信号的作用是反应驱动电机转子当前的旋转相位，电机控制器在通过旋变信号计算当前的驱动电机转速。帝豪EV300旋转变压器采用磁阻式旋转变压器,其结构如图4-3-6所示。旋变转子与驱动电机转子同轴连接,随电机转轴旋转。旋变定子内侧有感应线圈,安装在驱动电机定子上。驱动电机旋转时,带动旋变转子旋转。旋转变压器与电机控制器通过6根低压线束连接,2根是从电机控制器激励信号,另外4根分别是旋转变压器输出的正弦信号和余弦信号。6根线当中任何一根线路出现故障都会导致驱动电机无法正常工作。

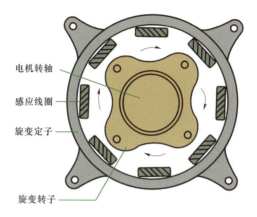

图 4-3-6　旋转变压器结构

3. 荣威 E50

荣威E50驱动电机为三相交流电机,受电力电子箱(PEB)控制,是整个车辆的动力源。荣威E50驱动电机的参数如表4-3-3所示,安装位置和控制框图分别如图4-3-7和图4-3-8所示。

表 4-3-3　荣威 E50 驱动电机的参数

技术指标	技术参数	技术指标	技术参数
工作电压范围 /V	250～345	电机控制器输入额定电压 /V	280
峰值相电流 /A	200(有效值)	绕组接法	Y
持续功率 / 峰值功率 /kW	28/52	相间电阻 /MΩ	27
额定转速 / 峰值转速 /(r·min^{-1})	3 000/8 000	电机质量 /kg	≤ 38.5
防护等级	IP67		

4. 北汽 EV200、EU260

北汽EV200电动汽车采用永磁同步电机作为驱动电机。北汽EV200驱动电机系统由驱动电机(DM)、电机控制器(MCU)构成,通过高低压线束、冷却管路与整车其他系统做电气和散热连接,如图4-3-9所示。北汽EV200驱动电机参数如表4-3-4所示。

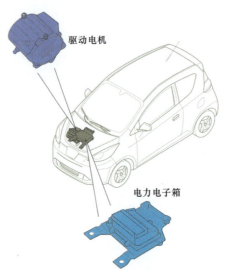

图 4-3-7　荣威 E50 驱动电机安装位置

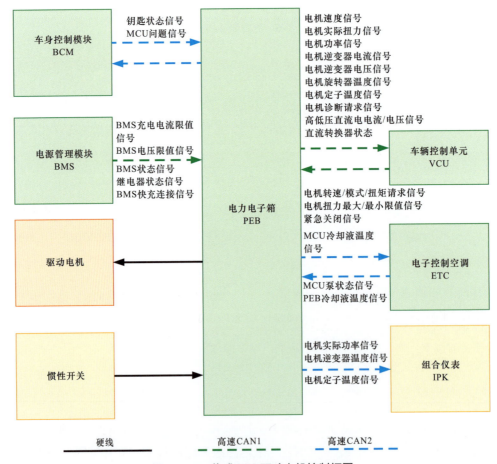

图 4-3-8　荣威 E50 驱动电机控制框图

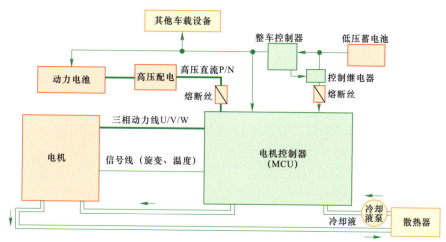

图 4-3-9 北汽 EV200 系统连接示意图

表 4-3-4 北汽 EV200 驱动电机参数

技术指标	技术参数	技术指标	技术参数
类型	永磁同步	额定扭矩	102 N·m；145 N·m（EU260）
基速	2 812 r/min；3 300 r/min（EU260）	峰值扭矩	180 N·m；260 N·m（EU260）
转速范围	0～9 000 r/min；10 000 r/min（EU260）	质量	45 kg
额定功率	30 kW；50 kW（EU260）	防护等级	IP67
峰值功率	53 kW；90 kW（EU260）		

北汽 EV200 电动汽车采用的驱动电机具有效率高、体积小、质量轻及可靠性高等优点，是动力系统的重要执行机构，是电能与机械能转化的部件，且自身的运行状态等信息可以被采集到驱动电机控制器，依靠内置传感器来提供电机的工作信息，这些传感器包括：

（1）旋转变压器：用以检测电机转子位置，控制器解码后可以获知电机转速；

（2）温度传感器：用以检测电机的绕组温度，控制器可以保护电机避免过热。

北汽 EV200 驱动电机的结构如图 4-3-10 所示。

5. 丰田混合动力车型驱动电机

丰田 THS-Ⅱ系统有 MG1 和 MG2 两个电动/发电机，均为紧凑、轻型和高效的交流永磁电机，用来驱动车辆和提供再生制动。

两个电动/发电机和复合齿轮式驱动机构封装在一起，构成动力驱动桥，其结构如图 4-3-11 所示。

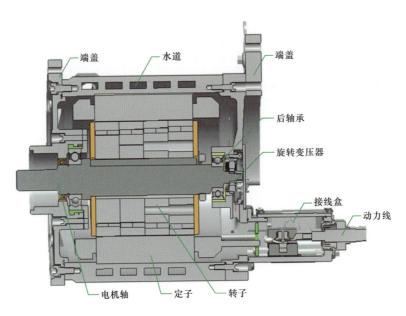

图 4-3-10 北汽 EV200 驱动电机的结构

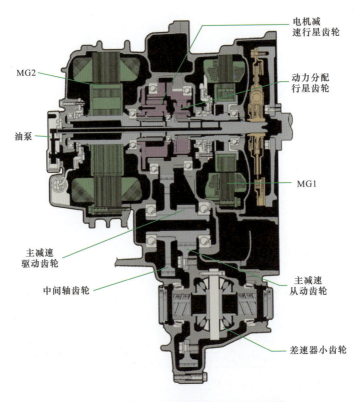

图 4-3-11 MG1、MG2 组成的动力驱动桥

MG1 和 MG2 所使用的转子含有 V 形布局的高磁力永久磁铁，可最大限度地产生磁阻扭矩。它们所使用的定子由低铁芯耗损的电磁钢板和可承受高压的电机绕组线束制成。通过上述措施，MG1 和 MG2 可在紧凑结构下实现大功率和高扭矩。

MG1 对动力电池再充电并供电以驱动 MG2。此外，通过调节发电量（从而改变发电机转速），MG1 还有效地控制传动桥的无级变速功能。同时，MG1 还可作为起动机来起动发动机。

再生制动过程中，MG2 将车辆的动能转换为电能，并存储到动力电池内。MG1 和 MG2 采用带水泵的水冷式冷却系统，降低工作时的热量。

MG1、MG2 组成的驱动单元在车上的安装位置如图 4-3-12 所示。

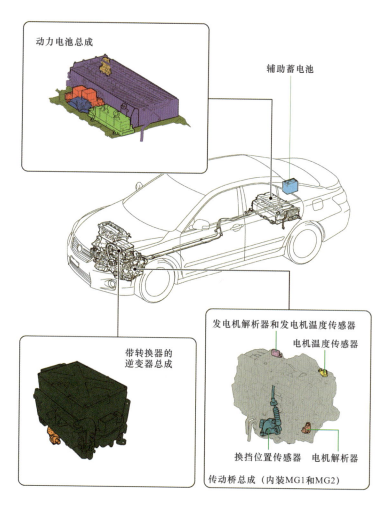

图 4-3-12　MG1、MG2 组成的驱动单元在车上的安装位置

4.4 驱动电机控制器

4.4.1 电机控制器的作用及组成

驱动电机控制系统是控制主牵引电源和电机之间的能量传输的装置,其主要功能包括车辆的怠速控制、车辆前进(控制电机正转)、车辆倒车(控制电机反转)、DC/AC 等。典型的电机控制系统框图如图 4-4-1 所示。

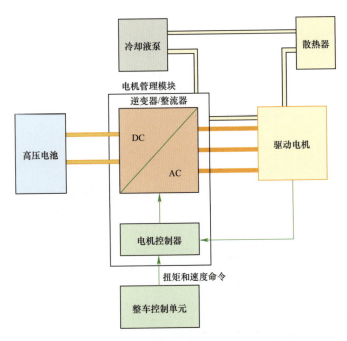

图 4-4-1 典型的电机控制系统框图

电机控制器是动力电机驱动系统的控制中心,又称为智能功率模块,是由外界控制信号接口电路、电机控制电路和驱动电路组成的。其包括 DSP 电机控制板、IGBT 驱动电路板、IGBT(IPM)模块、控制电源、散热系统等,一般安装在前舱电机的上方。

1. 电机控制器的基本功能

(1) DSP 电机控制器的作用:接收整车控制器的指令并反馈信息;检测电机系统内传感器信息;根据指令及传感器信息产生驱动 IGBT 的开关信号。

(2) IGBT 驱动电路:接收 DSP 的开关信号并反馈相关信息;放大开关信号并驱动

IGBT；提供电压隔离和保护功能。

IGBT 模块的工作原理：IGBT 模块根据控制器主板的指令，将输入的直流电逆变成电源、频率可调的三相交流电，供给配套的三相永磁同步电机。在能量回收工况时，将驱动电机发出的交流电转换成直流电，对动力电池充电。比亚迪 e6 的 IGBT 电路原理图如图 4-4-2 所示。

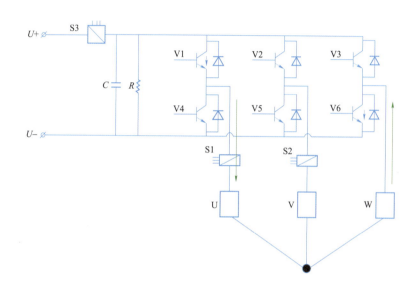

图 4-4-2　比亚迪 e6 的 IGBT 电路原理图

（3）控制电源：为 DSP 提供电源；为驱动电路提供多路相互隔离的电源。

（4）散热系统：为电力电子模块散热，通常采用冷却液循环散热。

2. 电机控制器的分类

（1）直流电机驱动系统。电机控制器一般采用脉宽调制（PWM）斩波控制方式，控制技术简单、成熟、成本低，但有效率低、体积大等缺点。

（2）交流感应电机驱动系统。电机控制器采用 PWM 方式实现高压直流到三相交流的电源变换，采用变频调速方式实现电机调速，采用矢量控制或直接转矩控制策略实现电机转矩控制的快速响应。

（3）交流永磁电机驱动系统。包括正弦波永磁同步电机驱动系统和梯形波无刷直流电机驱动系统，其中正弦波永磁同步电机控制器采用 PWM 方式实现高压直流到三相交流的电源变换，采用变频调速方式实现电机调速；梯形波无刷直流电机控制器通常采用"弱磁调速"方式实现电机的控制。由于正弦波永磁同步电机驱动系统低速转矩脉动小且高速恒功率区调速更稳定，因此比梯形波无刷直流电机驱动系统具有更好的应用前景。

3. 电机控制器的原理

电机控制器作为整个制动系统的控制中心,它由功率变换器和控制器两部分组成。功率变换器接收电池输送过来的直流电电能,变换成驱动电机所需要的电源(如三相交流电)给汽车电机提供电源。控制器接收电机转速、旋变等信号反馈,信息可在仪表显示。当发生制动或者加速行为时,控制器控制变频器频率的升降,从而达到加速或者减速的目的。电机控制器原理如图4-4-3所示。

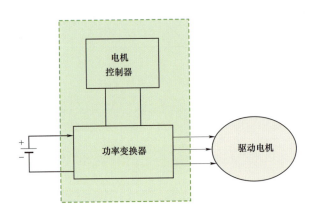

图4-4-3 电机控制器原理

4.4.2 常见电动汽车电机控制器

1. 比亚迪e6双向逆变充放电式电机控制器(VTOG)

比亚迪e6双向逆变充放电式电机控制器(VTOG)是一款高度集成化的新型多功能控制器,其主要功能:电机控制与车辆控制功能、电网对车辆充电功能、车辆对电网放电功能、车辆对用电设备供电功能以及车辆充放电功能。驱动电机控制器通过采集加速、制动、挡位、模式等信号控制动力输出,其控制框图如图4-4-4所示。

比亚迪e6 VTOG安装位置如图4-4-5所示,其外观如图4-4-6所示。在VTOG上有低压接口、冷却液进/出水口以及高压插接件。

VTOG上的低压接口主要为外围低压用电设备提供低压电和接收外围低压设备输入信号。VTOG工作时会产生大量的热量影响工作安全和效率,为了降低其温度采用了水冷式冷却方式,VTOG壳体上有冷却液进出管道,如图4-4-7所示,低压端子引脚标号如图4-4-8所示,低压端子引脚定义如表4-4-1所示。

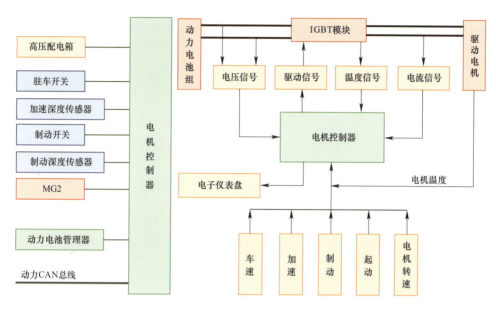

图 4-4-4 比亚迪 e6 VTOG 的控制框图

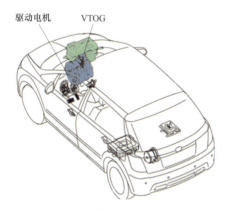

图 4-4-5 比亚迪 e6 VTOG 安装位置

图 4-4-6 比亚迪 e6 VTOG 外观

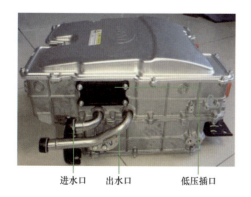

图 4-4-7 低压插口和冷却液进出水口

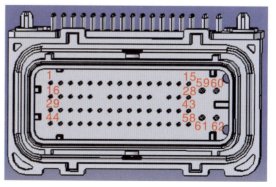

图 4-4-8 低压端子引脚标号

表 4-4-1　低压端子引脚定义

引脚	定义	参数	引脚	定义	参数
1	励磁 EXCOUT+	与励磁（−8.1±2）Ω	18	预留	
2	励磁 EXCOUT−	与励磁（+8.1±2）Ω	19	电机温度开关	低电平有效 <1 V
3	电机温度开关地 GND1		20	空	
4	空		21	空	
5	空		22	经济/运动模式输出	低电平有效 <1 V
6	空		23	充电电流确认信号 CP	
7	空		24	制动深度电源 1	5 V
8	空		25	加速深度电源 2	5 V
9	空		26	制动深度电源 2	5 V
10	制动屏蔽地 GND		27	加速深度电源 1	5 V
11	加速屏蔽地 GND		28	加速深度 1	
12	制动深度电源地 1GND		29	余弦 COS−	与余弦（+14±4）Ω
13	加速深度电源地 2GND		30	余弦 COS+	与余弦（−14±4）Ω
14	制动深度电源地 2GND		31	空	
15	加速深度电源地 1GND		32	电动机模拟温度地 GND1	
16	正弦 SIN+	与正弦（−14±4）Ω	33	CAN 信号屏蔽地 GND	
17	正弦 SIN−	与正弦（+14±4）Ω	34	空	

续表

脚位	定义	参数	脚位	定义	参数
35	美标切换开关 1	低电平有效 <1 V	49	美标切换开关 2	低电平有效 < 1 V
36	BMS 信号	给电源管理器低电平有效 <1 V	50	美标 CC 信号	充电枪连接确认信号 CC
37	仪表信号	给仪表低电平有效 <1 V	51	BCM 信号	给 BCM 低电平有效 <1 V
38	经济/运动模式输入	给仪表低电平有效 <1 V	52	充电控制信号	充电枪连接确认信号 CC
39	辅助制动信号	低电平有效 <1 V	53	制动信号	高电平有效 ≥ 9 V
40	挡位信号 D	低电平有效 <1 V	54	挡位信号 P	低电平有效 < 1 V
41	加速深度 2		55	制动深度 1	
42	挡位信号 R	低电平有效 <1 V	56	挡位信号 N	低电平有效 < 1 V
43	外部提供的电源地 GND	12 V 电源地	57	制动深度 2	
44	旋变屏蔽地 GND		58	外部提供的电源 1（+12 V）	+12 V 常电
45	电机温度屏蔽地 GND		59	外部电源地 GND	12 V 电源地
46	电机绕组温度		60	外部电源地 GND	12 V 电源地
47	CANL 低		61	外部提供的电源（ON 挡电）	+12 V
48	CANH 高		62	外部提供的电源（ON 挡电）	+12 V

高压插接件以及连接电机的三相电接口分别如图 4-4-9 和图 4-4-10 所示。

2. 吉利帝豪 EV300 电机控制器

电机控制器安装在前舱内，如图 4-4-11 所示，采用 CAN 通信控制，控制着动力电池组到电机之间能量的传输，同时采集电机位置信号和三相电流检测信号，精确地控制驱动电机运行。

电机控制器是一个既能将动力电池中的直流电转换为交流电以驱动电机，同时具备将车轮旋转的动能转换为电能（交流电转换为直流电）给动力电池充电的设备。

图 4-4-9　高压插接件

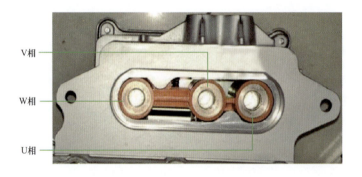

图 4-4-10　连接电机的三相电接口

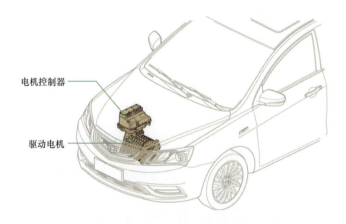

图 4-4-11　驱动电机控制器安装位置

车辆制动或滑行阶段,电机作为发电机应用,它可以完成由车轮旋转的动能到电能的转换,给电池充电。DC/DC 集成在电机控制器内部,其功能是将电池的高压电转换成低压电,提供整车低压系统供电,如图 4-4-12 所示。

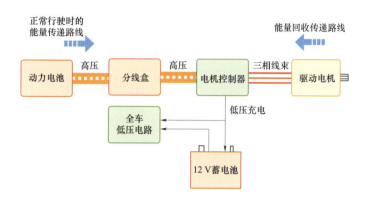

图 4-4-12　能量回收和 DC/DC 功能示意图

电机控制器内部包含 1 个 DC/AC 逆变器和 1 个 DC/DC 直流转换器,逆变器由 IGBT、直流母线电容、驱动和控制电路板等组成,实现直流(可变的电压、电流)与交流(可变的电压、电流、频率)之间的转变。直流转换器由高低压功率器件、变压器、电感、驱动和控制电路板等组成,实现直流高压向直流低压的能量传递。电机控制器还包含冷却器(通冷却液)给电子功率器件散热。电机控制器的组成框图如图 4-4-13 所示。

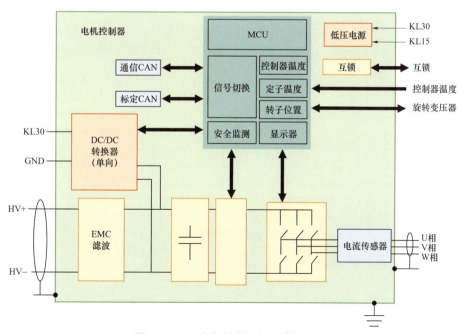

图 4-4-13　电机控制器的组成框图

电机控制器上高低压线束接口、驱动电机三相线束接口、冷却管接口和低压充电（DC/DC）接口分布如图 4-4-14 所示。

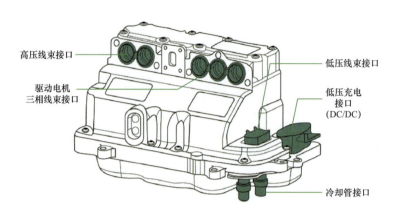

图 4-4-14　电机控制器线束及冷却管接口分布

电机控制器具有以下工作模式：

（1）转矩控制模式。电机控制系统控制电机轴向四象限的转矩。由于没有转矩传感器，转矩指令（由整车控制器发送）被转换成为电流指令，并进行闭环控制。转矩控制模式只有在获得正确的初始偏移角度时才能进行。

（2）静态模式。静态模式在电机控制器（PEU）处于被动状态（待机状态）或故障状态时被激活。

（3）主动放电模式。主动放电用于高压直流端电容的快速放电。主动放电指令来自整车控制器的指令或由电机控制器（PEU）内部故障触发。

（4）DC/DC 直流转换。电机控制器（PEU）中的 DC/DC 转换器将高压直流端的高压转换成指定的直流低压（12 V 低压系统），低压设定值来自整车控制器指令。

（5）系统诊断功能。当发生故障时，软件根据故障级别使 PEU 进入安全状态或限制状态。

电机控制器电气系统原理如图 4-4-15 所示。

3. 吉利帝豪 PHEV 电机控制器

吉利帝豪 PHEV 采用的深度混合插电式动力系统可以实现无级变速的功能，采用扭矩控制方法和功率平衡控制技术，在合理分配发动机能量的同时，降低了整车的燃油消耗和排放，保证了整车的稳定运行以及整车各运行模式之间的平滑切换，达到了整车在经济性、动力性和排放性上的最佳控制目标。

电机控制器安装在前舱内，采用 CAN 通信控制，控制着动力电池到电机之间能量的传输，同时采集电机位置信号和三相电流检测信号，精确地控制驱动电机运行。

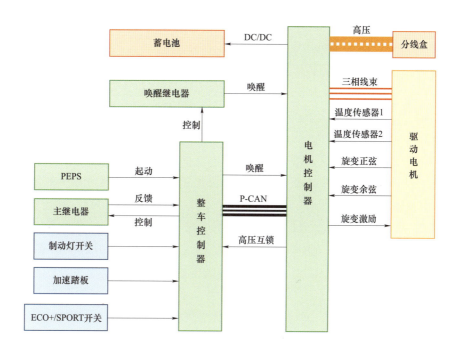

图 4-4-15　电机控制器电气系统原理

电机控制系统能将动力电池中的直流电转换为交流电以驱动电机，同时具备将车轮旋转的动能转换为电能（交流电转换为直流电）给动力电池充电的功能。车辆制动或滑行阶段，电机作为发电机应用，它可以完成由车轮旋转的动能到电能的转换，给电池充电。

DC/DC 集成在电机控制器内部，其功能是将电池的高压电转换成低压电，提供整车低压系统供电。吉利帝豪 PHEV 电机控制器安装位置如图 4-4-16 所示。

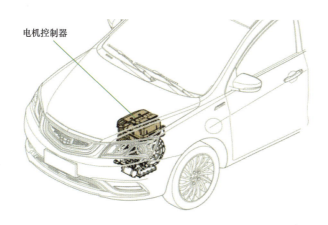

图 4-4-16　吉利帝豪 PHEV 电机控制器安装位置

电机控制器内部集成了两个电机控制模块及一个 DC/DC 模块。两个电机控制模块输出额定工作电流分别为 105 A/130 A；峰值工作电流分别为 250 A/280 A。此外电机控制器还具有以下功能：

（1）双电机驱动。电机控制器通过矢量控制方式，将直流高压逆变成三相交流，控制驱动电机 EM1 和驱动电机 EM2 输出精确的转矩或转速，在不影响稳定性的基础上，最大限度地提高驱动电机 EM1 和驱动电机 EM2 的输出性能表现；双电机都具有四象限运行工况。

驱动电机 EM1、EM2 定子绕组采用三相 Y 形连接；EM1、EM2 定子线圈内分别内置两路温度传感器，便于逆变器监控电机温度。

电机控制器使用旋转变压器检测转子的位置和电流传感器检测线圈的电流，从而控制驱动电机的扭矩输出。

（2）DC/DC 直流变换。电机控制器实现直流与交流之间的转变。直流转换器由高低压功率器、变压器、电感、驱动和控制电路板等组成，实现直流高压向直流低压的能量传递。通过直流变换电路，将直流高压降压变换成低压与车载 12 V 蓄电池并联为整车低压电器供电。

（3）信号采集与通信。采集和处理电机温度传感器输入信号、旋转变压器输入信号。同时电机控制器还具有 CAN 总线通信、标定和检测、故障诊断等功能。

（4）冷却液泵驱动。集成冷却液泵转速控制功能，根据冷却液温度变化调节冷却液泵转速，给定目标转速（占空比）信号，接收实际转速（频率）信号。

（5）主动放电。通过 DC/DC 将母线残余电量泄放给 12 V 蓄电池，直至母线电压低于 60 V 安全电压，放电时间小于 5 s。

（6）被动放电。被动高压直流电源放电，通过放电电阻实现，当高压输入切断时，被动高压直流电源放电触发，并不受外部控制，放电电阻一直并联在高压上。实际上 DC/DC 主动放电的同时放电电阻也起着放电的作用。在没有主动放电的情况下，被动放电直至母线电压低于 60 V 安全电压的放电时间小于 2 min。

（7）故障诊断。电机控制器自身具备故障的诊断及记录功能，故障诊断包括以下内容。

① 传感器诊断：电流传感器、电压传感器、温度传感器、位置传感器等的故障诊断。

② 电机诊断：电流调节故障、电机性能检查、主动断路或空转条件不满足、转子偏移角诊断等。

③ CAN 通信诊断：包含 CAN 内存检测、总线超时、报文长度、收发计数器的诊断等。

④ 硬件安全诊断：相电流过流诊断、直流母线电压过压诊断、高/低压供电故障诊断、处理器监控等。

⑤ DC/DC 诊断：DC/DC 传感器以及工作状态诊断。

吉利帝豪 PHEV 电机控制器电气原理示意图如图 4-4-17 所示。

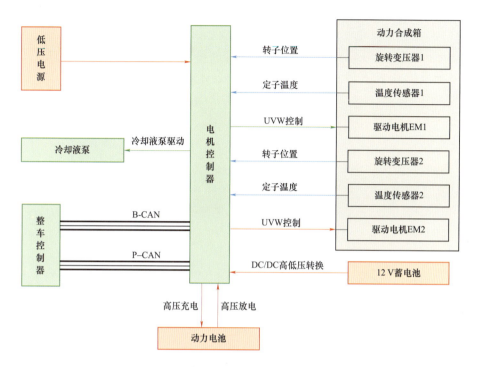

图 4-4-17　吉利帝豪 PHEV 电机控制器电气原理示意图

4.5　电动车单速变速器（减速器）

电机的速度 – 转矩特性非常适合汽车驱动的需求，纯电动模式下，汽车的驱动系统不再需要多挡位的变速器，驱动系统结构得以大幅度简化。由于汽车需要增大电机转矩，所以需要设置一个固定转速比的减速装置，将电机的转速进行一定的降速并增大转矩，以适应汽车多种工况。电动汽车单速变速器是采用固定传动比将电动机转速降低并增大转矩的装置，不同车型传动比不同。

减速器介于驱动电机和驱动半轴之间，驱动电机的动力输出轴通过花键直接与减速器输入轴齿轮连接。一方面减速器将驱动电机的动力传给驱动半轴，起到降低转速增大扭矩作用，另一方面满足汽车转弯及在不平路面上行驶时，左右驱动轮以不同的转速旋转，保证车辆的平稳运行。电动汽车动力传递路线如图 4-5-1 所示。

吉利帝豪 EV300 单速变速器结构如图 4-5-2 所示，主减速比为 8.28:1，转速器最高输出扭矩为 2 500 N·m，减速效率大于 90 %。

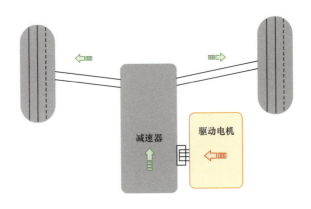

图 4-5-1　电动汽车动力传递路线

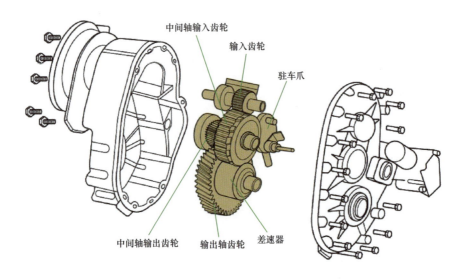

图 4-5-2　吉利帝豪 EV300 单速变速器结构

北汽 EV200、EV160、EU260 电动汽车上的单速变速器采用左右分箱、两级传动结构，具有体积小，结构紧凑的特点。采用前进挡和倒挡共用结构进行设计，整车倒挡通过电机反转实现。变速器的最高输入转速为 9 000 r/min，最大扭矩为 260 N·m，减速比为 7.793，如图 4-5-3 所示。

日产聆风/启辰晨风电动汽车单速变速器传动比为 8.193 8，输入齿轮齿数 17，主齿轮齿数（输入/输出）32/17，主减速器齿数 74。日产聆风/启辰晨风电动汽车单速变速器结构如图 4-5-4 所示。

宝马 F49 PHEV 插电式混动动力汽车后桥搭载齿轮比为 12.5:1 的固定齿轮比单速变速器。该变速器与电动机单独驱动车辆可达到 120 km/h；与发动机混合驾驶最高车速可达高 130 km/h；当超过以上速度时，电力驱动不再工作，电机与单速变速器的动力被断开。执行这一断开任务的是单速变速器中安装的电机离合器。当超过以上速度时电机离合器分离,切断了通过后桥进行的电力驱动。宝马 F49 PHEV 插电式混合动力车型单速变速器如图 4-5-5 所示。

图 4-5-3　北汽 EV200、EV160、EU260 单速变速器

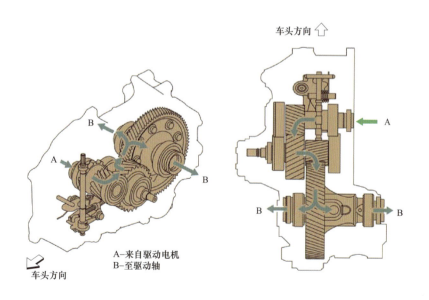

A—来自驱动电机
B—至驱动轴

图 4-5-4　日产聆风 / 启辰晨风电动汽车单速变速器结构

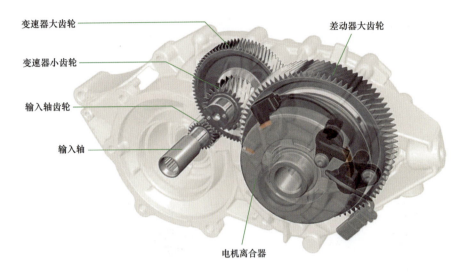

图 4-5-5　宝马 F49 PHEV 插电式混合动力车型单速变速器

4.6　驱动系统维修要点与常见故障诊断和排除

4.6.1　驱动系统维修要点

1. 吉利帝豪 PHEV 电机控制器更换

1）拆卸前的准备

打开行李厢盖,断开低压蓄电池负极导线连接,按照本书相关步骤拆卸维修开关。

2）拆卸冷却系统膨胀罐

打开发动机舱,先拆卸发动机冷却液膨胀罐,再拆卸电机控制器冷却液膨胀罐。

3）按以下步骤拆卸电机控制器

（1）拆卸电机控制器膨胀罐安装支架的 2 个安装螺栓（图 4-6-1）,取下膨胀罐安装支架。

（2）拆卸电机控制器线束上安装板的 2 个固定螺栓（图 4-6-2）,取下安装板。

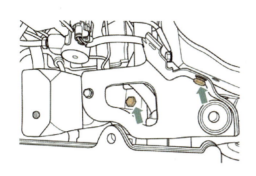

图 4-6-1　拆卸膨胀罐安装支架

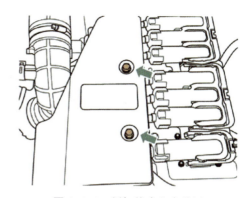

图 4-6-2　拆卸线束上安装板

（3）如图 4-6-3 所示，先断开 DC/DC 线束插接器；再断开 2 组驱动电机线束插接器；最后拆卸电机控制器线束下安装板固定螺栓，取下电机控制器线束下安装板。

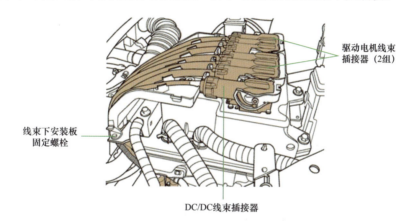

图 4-6-3　拆卸线束插接器和线束下安装板

（4）如图 4-6-4 所示，先拆卸电机控制器进水管固定卡箍，脱开水管；再使用卡箍钳松开散热器进水管固定环箍，脱开水管；最后拆卸电机控制器 4 个固定螺栓。

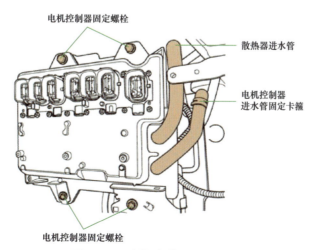

图 4-6-4　拆卸水管和电机控制器固定螺栓

(5)拆卸电机控制器搭铁线固定螺母,脱开线束,如图4-6-5所示。

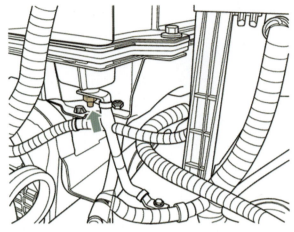

图4-6-5 拆卸电机控制器搭铁线固定螺母

(6)如图4-6-6所示,先断开电机控制器两个低压线束插接器;再断开电机控制器高压线束插接器,取下电机控制器。

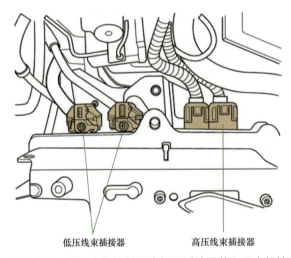

图4-6-6 断开电机控制器高低压插接器并取下电机控制器

2. 吉利帝豪 EV300 电机控制器更换要点

(1)打开前机舱盖,断开蓄电池负极连接线,按照1.3.3所示的方法拆卸手动维修开关,全车高压下电。

(2)如图4-6-7所示,拆卸电机控制器上盖的8个螺栓,取下电机控制器上盖。

(3)首先拆卸驱动电机三相线束插接器的3个固定螺栓;再拆卸三相线束端子的3个固定螺栓,从电机控制器上取下三相线束,如图4-6-8所示。

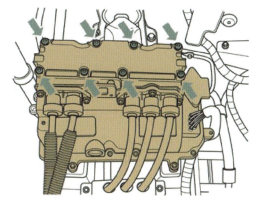

图 4-6-7　拆卸电机控制器上盖

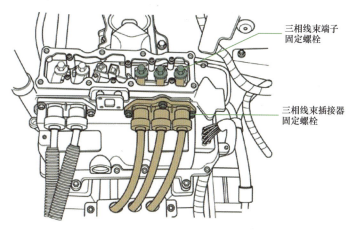

图 4-6-8　拆卸三相线束

（4）先拆卸分线盒电机控制器高压线束插接器的 2 个固定螺栓；再拆卸分线盒电机控制器高压线束端子的 2 个固定螺栓；最后从电机控制器上取下电机控制器高压线束，如图 4-6-9 所示。

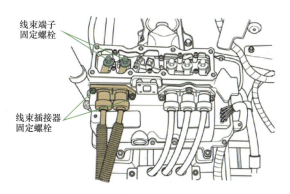

图 4-6-9　拆卸高压线束

（5）先断开电机控制器线束插接器；再拆卸电机控制器的 4 个固定螺栓，如图 4-6-10 所示。

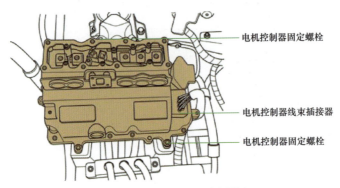

图 4-6-10　断开线束插接器

（6）取下防尘罩，拆卸电机控制器 2 根搭铁线固定螺母，脱开搭铁线，如图 4-6-11 所示。

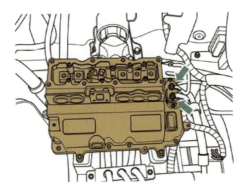

图 4-6-11　拆卸搭铁线固定螺母

（7）脱开冷却液进出水管卡箍，从电机控制器上拔下冷却液进出水管，如图 4-6-12 所示。

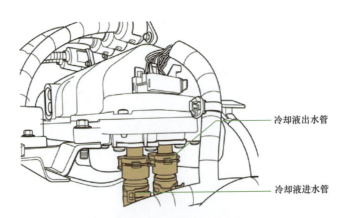

图 4-6-12　拆卸冷却液进出水管

（8）取下电机控制器总成。

3. 知豆城市微行电动汽车电机控制器更换要点

（1）将电源总开关推下，整车断电，如图 4-6-13 所示。

（2）断开 DC/DC 转换器总成输入端线束插头，如图 4-6-14 所示。

图 4-6-13　推下电源总开关

图 4-6-14　断开 DC/DC 转换器总成输入端线束插头

（3）断开 DC/DC 转换器总成输出端线束插接器，如图 4-6-15 所示。

（4）断开 DC/DC 转换器总成控制线插接器，如图 4-6-16 所示。

图 4-6-15　断开 DC/DC 转换器总成输出端线束插接器

图 4-6-16　断开 DC/DC 转换器总成控制线插接器

（5）拆除 DC/DC 转换器 4 个固定螺栓，如图 4-6-17 所示。

（6）取下 DC/DC 转换器总成。

（7）拆除 DC/DC 转换器总成安装支架固定螺栓，将 DC/DC 转换器总成支架从前机舱盖中取出，如图 4-6-18 所示。

（8）断开电机控制器信号线插件，如图 4-6-19 所示。

（9）拆除直流接触器负极螺母，断开分线盒负极连接线，如图 4-6-20 所示。

（10）拆除电机控制器 B+ 固定螺栓，断开分线盒正极连接线，如图 4-6-21 所示。

（11）拆除 B+、B- 连接螺栓后，用绝缘胶带包住高压线接头，以防误操造成短路。

图 4-6-17　拆除转换器固定螺栓

图 4-6-18　拆除安装支架固定螺栓

图 4-6-19　断开电机控制器信号线插件

图 4-6-20　断开分线盒负极连接线

（12）拆除 U、V、W 三相线固定螺栓，如图 4-6-22 所示。

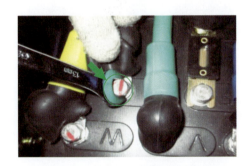

图 4-6-21　断开分线盒正极连接线

图 4-6-22　拆除三相线固定螺栓

（13）拆除电机控制器散热板上 4 个固定螺栓，将控制器从控制器支架上取下，如图 4-6-23 所示。

（14）安装过程是拆卸步骤的逆过程。

4. 北汽 EU260 PEU 的更换要点

（1）关闭点火开关，拆下低压蓄电池负极，如图 4-6-24 所示。

（2）拔下 PEU 高低压插件、拆下冷却水管，如图 4-6-25 所示。

图 4-6-23　拆除电机控制器散热板上的固定螺栓

图 4-6-24　拆下低压蓄电池负极

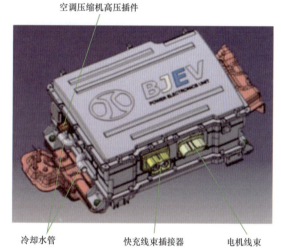

图 4-6-25　拆下冷却水管

（3）拆下 PEU 总成安装螺栓，如图 4-6-26 所示。

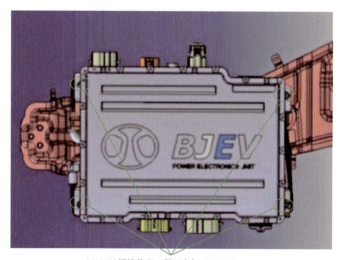

图 4-6-26　拆下 PEU 总成安装螺栓

(4)安装以相反顺序执行,安装完毕后补充冷却液。

4.6.2 驱动系统常见故障诊断与排除

1. 比亚迪 e6 驱动电机常见故障

1)驱动电机的检查

比亚迪 e6 驱动电机的检查如表 4-6-1 所示。

表 4-6-1 比亚迪 e6 驱动电机的检查

项目	详情
驱动电机起动前的检查	・做好励磁装置的调试工作。调试和整定好灭磁、脉冲、移相等装置。调试好之后,要检查各装置环节工作是否正常。 ・检查电机定子回路控制开关、操纵装置是否可靠,各保护系统是否正常。 ・电机在起动前,首先应采用风压为 0.196～0.294 MPa 的干燥压缩气体对电机进行吹风清扫工作,检查绕组绝缘表面等。 ・检查冷却系统,检查铁芯状况,如冷却管道是否打开,水压是否正常,冷却器和管道有无漏水现象。 ・检查轴承和润滑系统,要求轴承内油质清洁。 ・清扫和检查起动设备,清查电动机和附属设备有无他人正在工作。 ・测试电机和控制设备的绝缘电阻,并与上次值相对照,应不低于上次测量值的 50%～80%。
驱动电机运行中的维护检查	一般电机运行中的检查内容如下: ・三相电压不平衡不应大于 5%。 ・轴承最高温度:滚动轴承为 95 ℃,滑动轴承为 75 ℃。 ・用温度计法测量,绕组与铁芯的最高温升不应超过 105 K(H 级绝缘)。 ・环境温度:最低为 5 ℃,最高为 35 ℃。长期停用的电机要保存在温度在 5 ℃～15 ℃的环境中。 ・空气相对湿度应在 75% 以下
停机后的检查	电机停转后,要进行吹风清扫工作,详细检查绕组绝缘有无损伤,引线绝缘是否完好,零部件是否有松动。转子支架和机械零部件是否有开焊和裂缝现象,磁轭紧固磁极螺栓、穿芯螺栓是否松动,最后检查轴承状态

2)驱动电机运行常见故障及排除方法

比亚迪 e6 驱动电机运行中常见故障及排除方法如表 4-6-2 所示。

表 4-6-2 比亚迪 e6 驱动电机运行中常见故障及排除方法

故障现象	故障原因	处理方法
驱动电机起动困难或不起动	电源电压过低	调整电压到所需值
	驱动电机过载	减轻负载后再起动
	机械卡住	先停车接触机械锁止后再起动驱动电机

续表

故障现象	故障原因	处理方法
驱动电机运行温度升高	负载过大	减轻负载
	驱动电机扫堂	检查气隙及转轴、轴承是否正常
	电机绕组故障	检查绕组是否有接地、断路等故障，予以排除
	电源电压过高、过低或三相不平衡	检查电源调整电压值，使其符合要求
驱动电机运行时振动过大	转轴弯曲	进行调直或更新
	转子磁极松动	检查固定键，重新紧固
	负载不平衡	检查出机械负载故障并排除
	机组定中心不好	重新定中心
	基础自由振动频率与电机的振动频率接近	改变基础的自由振动频率，使两者不产生共振
	转子不平衡	做平衡检查试验
	定子三相电压不对称	检查电源供三相电平衡
	铁芯转配不平衡	重新拧紧、拉紧螺杆或在松动的铁芯片中打入楔子固定
	定子绕组并联支路中某支路断裂	检查直流电阻，焊接有断裂的支路
	定转子气隙不均	调整电机气隙，使其均匀
	电机底座和基础板不坚固	坚固电机地脚螺栓，加强基础
	联轴器松动	拧紧连接螺栓，必要时更换螺栓

2. 知豆微行电动车电机控制器常见故障及排除方法

（1）钥匙打到 ON 挡仪表显示正常，在 D 或 R 挡位下车辆无法行驶，故障排除方法：

车辆无法行驶应首先确认红色应急开关是处在向上拉起的状态，然后用万用表伏特挡测量电机控制器 B+ 与 B− 之间电压。

① 有 72 V 左右高压电，则为电机控制器无低压控制电源输入，或低压控制电源电压过低。请进一步测量信号插头是否有 12 V 低压控制电源，并排查低压控制电源线路故障。

② 无 72 V 左右高压电，则电机控制无高压输入。首先将红色应急开关按下，然后打开分线盒，用万用表通断挡测量正极总熔断丝（300 A）通断，若此熔断丝完好，则为总正继电器、总负继电器或 BMS 故障，需进一步排查；若此熔断丝熔断，请用万用表通断挡检测 B+、B− 是否构成短路，若 B+、B− 短路，则总正熔断丝熔断是因电机控制器内部

短路引起，应当更换电机控制器后再更换新的总正熔断丝。

③ 确认电机控制器 B+、B– 有短路现象后，应将红色应急开关按下，若需对故障车辆拖车，必须先将电机控制器三相线断开，并分别做绝缘处理，以防发生危险。

（2）若整车高压电（72 V）和低压电（12 V）都正常情况下，确保控制器外部电路连接正确以及 VMS 总成和电机正常，此时车辆无法行驶或执行错误，在排除输入信号故障（加速踏板位置传感器是否损坏）之后，即可判定是电机控制器故障。

（3）出现故障时插入控制器插接件故障检测灯（12 V 灯泡或发光二极管），32 脚为"+"，9 脚为"GND"。故障及指示如表 4-6-3 所示。

表 4-6-3　故障及指示

故障代码	故障源	故障指示
12	油门误开	1 长 2 短
13	控制器温度高	1 长 3 短
15	主蓄电池电压低	1 长 5 短
16	电机温度高	1 长 6 短
82	蓄电池电压过高	8 长 2 短
83	控制器过温	8 长 3 短
84	电流传感器故障	8 长 4 短
85	电机相电流异常过流	8 长 5 短
86	电机位置传感器（霍尔式）故障	8 长 6 短
87	电机过速	8 长 7 短
88	电机过温	8 长 8 短
91	电流传感器初始化故障	9 长 1 短
92	电机位置传感器（霍尔式）初始化故障	9 长 2 短

3. 电机绝缘阻值检测

绝缘阻值合格是判断电动机能否起动运行的一个重要条件，尤其是电动汽车用高压电机，如果达不到绝缘阻值标准而强行起动运行，电机将会损坏。吉利帝豪 EV300 电机控制电路图如图 4-6-27 所示，电机绝缘阻值检测流程如图 4-6-28 所示。

4. 电机异响、强烈振动或转速和输出功率达不到要求

注意：

驱动电机的电磁噪声在极低速输出大扭矩时会变得更加明显。当遇此工况时，电机控

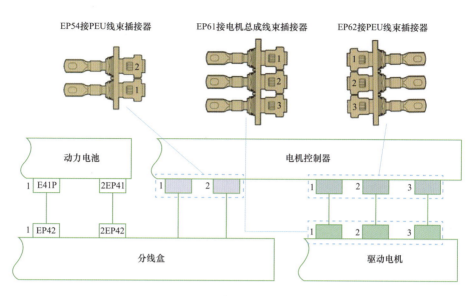

图 4-6-27　吉利帝豪 EV300 电机控制电路图

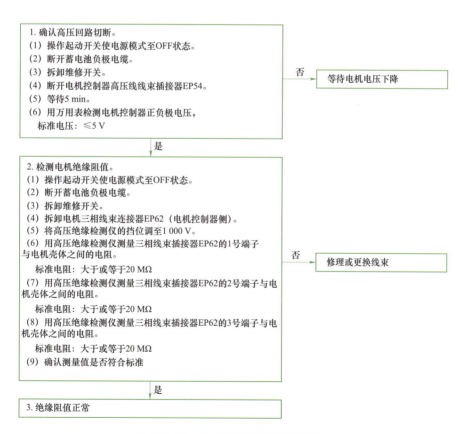

图 4-6-28　电机绝缘阻值检测流程

制器降低 IGBT 的变换频率,这时就会出现上述状况,这并不意味着电机控制器的特性或控制存在问题。电机异响、强烈振动或转速和输出功率达不到要求的故障诊断流程如图 4-6-29 所示。

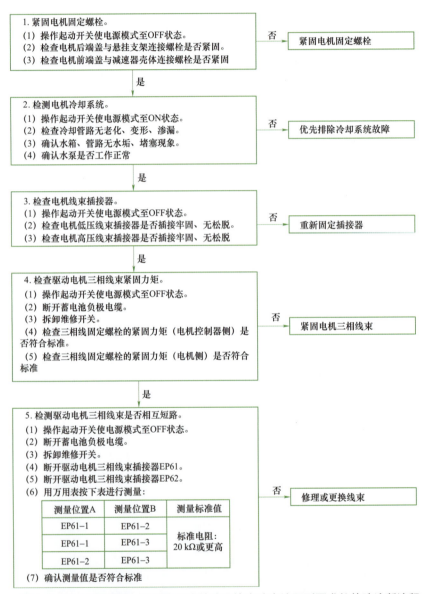

图 4-6-29　电机异响、强烈振动或转速和输出功率达不到要求的故障诊断流程

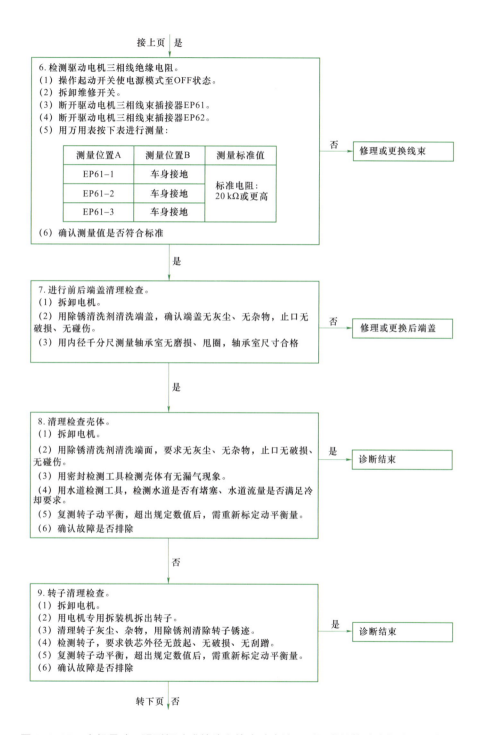

图 4-6-29 电机异响、强烈振动或转速和输出功率达不到要求的故障诊断流程（续）

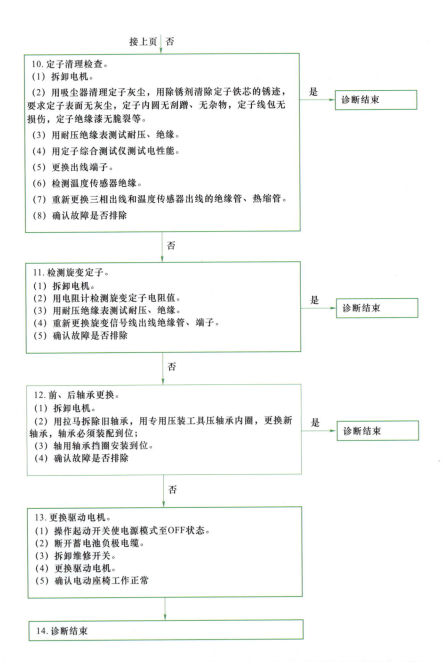

图 4-6-29 电机异响、强烈振动或转速和输出功率达不到要求的故障诊断流程（续）

第 5 章 冷却系统

5.1 冷却系统概述

5.1.1 电动汽车冷却系统的基本原理

1. 电动汽车与传统汽车的冷却系统区别

电动汽车的冷却系统功能要求与传统汽车的基本相同，但是由于两者之间的结构和原理的差异导致了热量的产生及散热方式的不同。电动汽车关键零部件动力电池、驱动电机、电机控制器及车载充电机的效率不能达到100%，在能量转化过程中产生大量的热量，这些产生的热量如果不能够及时地散发出去，将导致车辆动力受到限制甚至导致零件的损坏。图 5-1-1、图 5-1-2 和图 5-1-3 分别所示为宝马 F18 PHEV 电动汽车动力电池、驱动电机冷却系统和电机控制器冷却系统组成，其功用是将车载充电机、动力电池、驱动电机、电机控制器产生的热量能及时散发出去，保证其在要求的温度范围内稳定高效地工作。

2. 电动汽车产生热量的主要部件

电动汽车产生热量的主要部件有动力电池、驱动电机和电机控制器等，其总的散热量大概相当于同功率传统汽车的 2~3 倍，而这些部件的工作温度范围又有较大的差别。要将

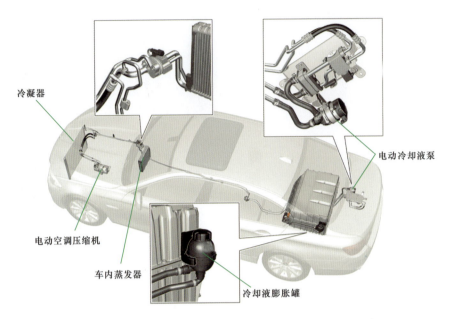

图 5-1-1　宝马 F18 PHEV 电动汽车动力电池冷却系统组成

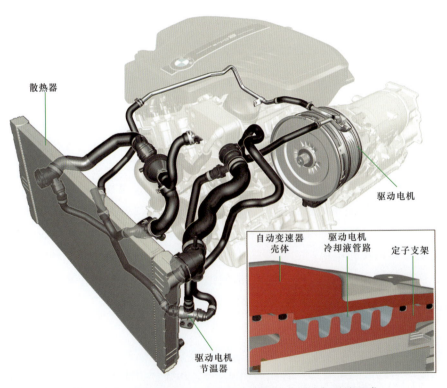

图 5-1-2　宝马 F18 PHEV 电动汽车驱动电机冷却系统组成

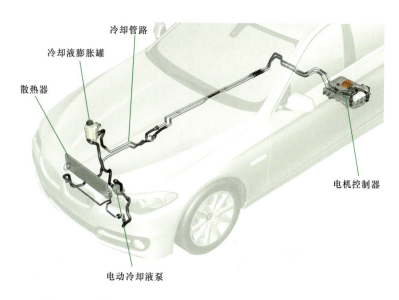

图 5-1-3　宝马 F18 PHEV 电动汽车电机控制器冷却系统组成

这些部件的热量及时散走，维持部件可靠工作，必须有一套有效的体积、质量和尺寸合理的冷却系统。

3. 驱动电机和电机控制器冷却机制

驱动电机在运行过程中产生的热对电机的物理、电气和力学特性有着重要影响，当温度上升到一定程度时，电机的绝缘材料会发生本质上的变化，最终使其失去绝缘能力。另一方面，随着电机温度的升高，电机中的金属构件强度和硬度也会逐渐下降。由电子元器件组成的控制器，同样会由于温度过高而导致电子器件的性能下降，出现不利影响，如过高温度会导致半导体结点、电路损害、增加电阻，甚至烧坏元器件。

4. 电动汽车的动力电池冷却

电动汽车的动力电池工作将化学能转化为电能的过程中会产生大量的热量。这些热量如不及时散发，会使动力电池的活性下降，电量输出受到限制，更严重者会出现起火燃烧现象。

5.1.2　电动汽车冷却系统基本组成

电动汽车冷却系统主要由电动冷却液泵、散热器及冷却管路、膨胀罐、冷却液等组成。

1. 电动冷却液泵

电动冷却液泵是冷却液循环的动力元件，电动冷却液泵的作用是对冷却液进行加压，促使冷却液在冷却系统中循环，带走系统散发的热量。冷却液泵多为直流电机，宝马 F18 PHEV 动力电池冷却系统冷却液泵功率为 50 W，使用一个支架固定在冷却装置上，安装于行李厢凹槽的右侧，如图 5-1-4 所示。

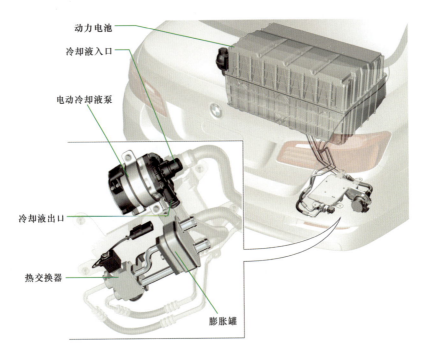

图 5-1-4　宝马 F18 PHEV 动力电池冷却液泵安装位置

2. 散热器及冷却管路

散热器起到将冷却液携带的动力电池、电机及控制器热量散发出去的作用，冷却液在冷却管路中循环流动。吉利帝豪 PHEV 车型的散热器有两条冷却路线，一条是给电机控制器和车载充电机进行冷却；另一条是通过电动冷却液泵为动力电池散热。冷却管路包括动力电池散热器进水管、连接硬管、电动冷却液进水管和动力电池进出水管等。

3. 膨胀罐

膨胀罐总成是一个塑料罐，类似于前风窗玻璃清洗剂罐。膨胀罐总成通过水管与散热器连接，随着冷却液的温度逐渐升高并膨胀。部分冷却液因膨胀而从散热器和驱动电机中流入膨胀罐总成。散热器和液道中滞留的空气也被排入膨胀罐总成，车辆停止后冷却液自动冷却并收缩，先前排出的冷却液则被吸回散热器，从而使散热器中的冷却液一直保持在合适的液面，并提高冷却效率。当冷却系统处于冷态时，冷却液面应保持在膨胀罐总成上的 L（最低）和 F（最高）标记之间。宝马 F18 PHEV 动力电池冷却系统膨胀罐如图 5-1-5 所示。

图 5-1-5　宝马 F18 PHEV 动力电池冷却系统膨胀罐

4. 冷却液

冷却液一般采用符合要求的电机用乙二醇型电机冷却液（防冻液），冰点为"-40 ℃"，严禁使用普通水代替。

5.2　动力电池冷却系统

5.2.1　动力电池冷却系统的作用

动力电池的工作状态包括：
（1）电池在充、放电时会释放一定的热量，故需要对电池进行冷却。
（2）在低温环境下，需要对电池进行加热处理，以提高运行效率。

冷却系统的作用是：通过对动力电池冷却或加热，保持动力电池较佳的工作温度，以改善其运行效率并提高电池寿命。

5.2.2　动力电池冷却形式

动力电池冷却系统有空调制冷剂冷却式、水冷式和风冷式。

1. 空调制冷剂冷却式

在高端电动汽车中动力电池内部有与空调系统连通的制冷剂循环回路。宝马 i8/i3 空调系统的制冷剂循环回路由两个并联支路构成：一个用于车内冷却，一个用于动力电池单元冷却。每条支路都有一个膨胀和截止组合阀，用于相互独立地控制冷却功能。蓄能器管理电子装置可通过施加电压控制并打开动力电池单元上的膨胀和截止组合阀，使制冷剂流入动力电池单元内，在此膨胀、蒸发和吸收环境热量。车内冷却同样根据需要进行。蒸发器前的膨胀和截止组合阀同样可以电气方式进行控制，但由电机电子装置 EME 进行控制。

宝马 i8 动力电池冷却系统原理图如图 5-2-1 所示，其动力电池冷却系统部件位置图如图 5-2-2 所示。

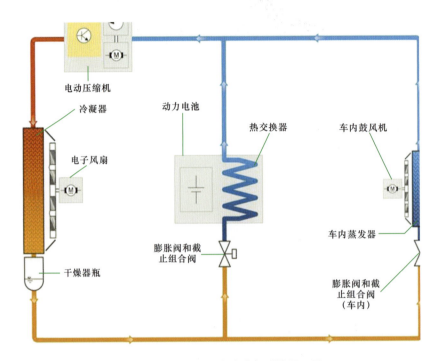

图 5-2-1　宝马 i8 动力电池冷却系统原理图

将液态制冷剂喷入热交换器内时制冷剂蒸发，蒸发的制冷剂通过这种方式吸收环境空气的热量并使其冷却。之后电动空调压缩机将气态制冷剂压缩至较高压力水平，然后通过冷凝器将热量排放到环境空气中并使制冷剂重新变为液态聚集状态。

宝马 i8/i3 上根据动力电池单元的安装位置采用了两个上下叠加的电池模块。为了确保通过制冷剂可使电池充分冷却，采用了一个两件式热交换器。热交换器分别位于三个上部和三个下部电池模块下方，它由铝合金平管构成，与内部冷却液管路相连。动力电池内的冷却管路如图 5-2-3 所示。

2. 水冷式

水冷式动力电池冷却系统是使用特殊的冷却液在动力电池内部的冷却液管路中流动，将动力电池产生的热量传递给冷却液，从而降低动力电池的温度。

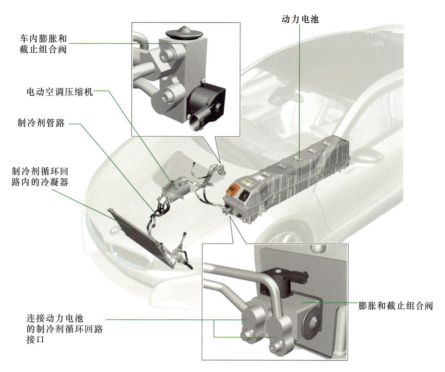

图 5-2-2 宝马 i8 动力电池冷却系统部件位置图

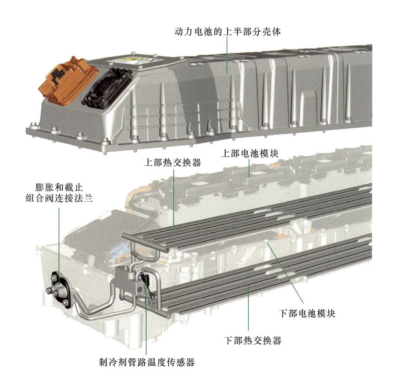

图 5-2-3 动力电池内的冷却管路

荣威 E50 冷却系统分为 2 个独立的系统，分别是逆变器（PEB）/驱动电机冷却系统、高压电池包冷却系统（ESS）。

冷却系统利用热传导的原理，通过冷却液在各个独立的冷却系统回路中循环，使驱动电机、逆变器（PEB）和动力电池包保持在最佳的工作温度。冷却液是 50% 的水和 50% 的有机酸技术（OAT）的混合物。冷却液要定期更换才能保持其最佳效率和耐腐蚀性。

荣威 E50 动力电池冷却系统结构如图 5-2-4 所示，主要由膨胀水箱、软管、冷却液泵、动力电池冷却器等组成。

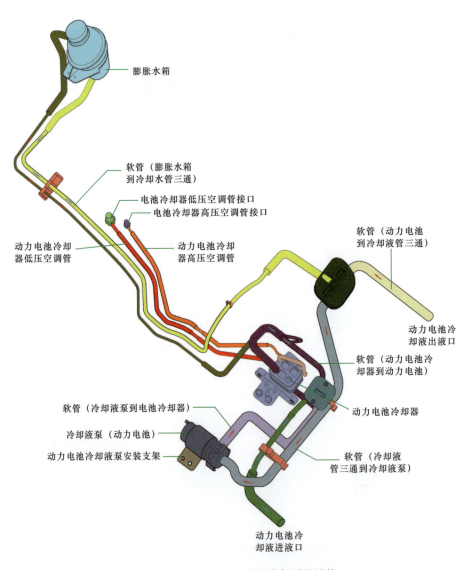

图 5-2-4　荣威 E50 动力电池冷却系统结构

(1) 膨胀水箱装有泄压阀,安装在逆变器(PEB)托盘上,溢流管连接到电池冷却器的出液管上,出液管连接在冷却液管三通上。膨胀水箱外部带有"MAX"和"MIN"刻度标示,便于观察冷却液液位。

(2) 橡胶冷却液软管在各组件间传送冷却液,弹簧卡箍将软管固定到各组件上。动力电池冷却系统(ESS)软管布置在前舱内和后地板总成下。

(3) 动力电池冷却系统冷却液泵通过安装支架,并由2个螺栓固定在车身底盘上,经其运转来循环动力电池冷却系统。

(4) 动力电池冷却器是动力电池冷却系统的一个关键部件,它负责将动力电池维持在一个适当的工作温度,使动力电池的放电性能处于最佳状态。动力电池冷却器主要由热交换器、带电磁阀的膨胀阀(TXV)、管路接口和支架组成。热交换器主要用于动力电池冷却液和制冷系统的制冷剂的热交换,将动力电池冷却液中的热量转移到制冷剂中。

动力电池冷却系统冷却液循环如图5-2-5所示,其系统控制图如图5-2-6所示。

如图5-2-5和图5-2-6所示,BMS负责控制电动冷却液泵,电动冷却液泵会在动力电池温度上升到32.5 ℃时开启,在温度低于27.5 ℃时关闭,BMS发出要求动力电池冷却器膨胀阀关闭和冷却液泵运转的信号。

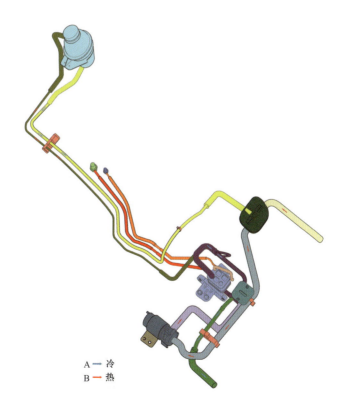

A —— 冷
B —— 热

图5-2-5 动力电池冷却系统冷却液循环

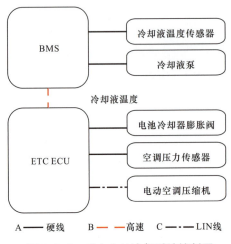

图 5-2-6 动力电池冷却系统控制图

ETC 收到来自 BMS 的膨胀阀电磁阀开启的信号,ETC 首先打开动力电池冷却器膨胀阀的电磁阀,并给 EAC(电动空调压缩机)发起动信号。动力电池最适宜温度为 20 ℃～30 ℃。

正常工作时,当动力电池的冷却液温度在 30 ℃以上时,ETC 会限制乘客舱制冷量;当冷却液温度在 48 ℃以上时,ETC 会关闭乘客舱制冷功能,但除霜模式除外。

ETC 只控制冷却液温度,BMS 控制冷却液与 BMS 动力电池内部的热量交换。

当车辆进入快速充电模式时,ETC 会被网关模块唤醒,此时动力电池冷却系统进入正常工作状态。

宝马 X1 xDrive 25Le(F49 PHEV)和吉利帝豪 EV300 动力电池冷却系统也采用水冷式冷却形式。不同的是动力电池冷却液通过冷却单元与车内空调系统进行并联,将动力电池冷却液吸收的热量释放出去,动力电池冷却液变冷再次在动力电池冷却管路中循环。宝马 X1 xDrive 25Le(F49 PHEV)动力电池冷却系统如图 5-2-7 所示。

3. 风冷式

风冷式动力电池冷却系统是利用散热风扇将来自车厢内部的空气吸入动力电池箱,以冷却动力电池以及动力电池的控制单元等部件。

丰田普锐斯、凯美瑞(混动版)、卡罗拉双擎、雷凌双擎采用风冷式动力电池冷却系统。丰田混合动力车型风冷式动力电池冷却系统如图 5-2-8 所示。

车厢内部的空气通过位于后窗装饰板上的进气管流入,向下流经动力电池或 DC/DC 转换器(混合动力车辆转换器),以降低动力电池和 DC/DC 转换器(混合动力车辆转换器)的温度,空气通过排气管从车内排出。

广汽传祺 AG 电动汽车同样采用风冷式动力电池冷却系统,如图 5-2-9 所示。

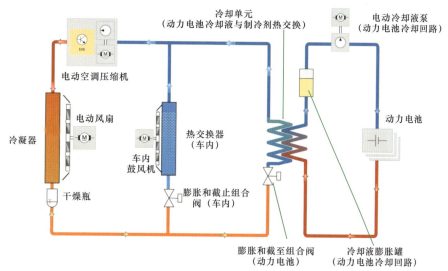

图 5-2-7　宝马 X1 xDrive 25Le（F49 PHEV）动力电池冷却系统

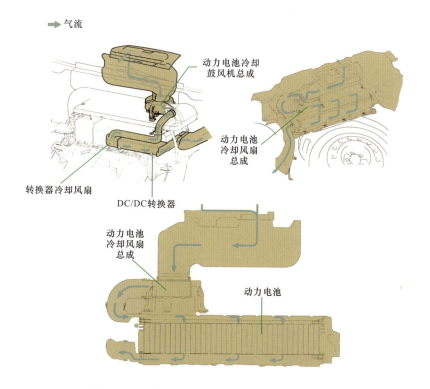

图 5-2-8　丰田混合动力车型风冷式动力电池冷却系统

车厢内部的空气通过位于后窗装饰板上的进气管流入，向下流经动力电池，以降低动力电池温度，然后经过 BMS、总正负继电器等电气元件，降低自身温度后，通过排气管将空气排出车内。

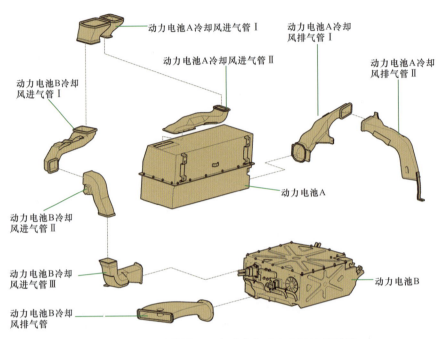

图 5-2-9　广汽传祺 AG 电动汽车动力电池冷却系统

散热风扇为直流低电压风扇，配备独立的 DC/DC 转换器；当散热风扇工作时，电流从动力电池流出经过 DC/DC 转换器将 350 V 直流高压转换成 12～16 V 的直流低压，提供给散热风扇。

动力电池 A 和 B 的冷却路径如图 5-2-10 所示。

动力电池 A 冷却路径：车厢内部的空气通过位于后窗台装饰板上的进气管流入，向下流经动力电池，以降低动力电池的温度，然后经过 BMS、总正负继电器等，降低电气元件的温度后，空气被冷却风扇抽出通过排气管从车内排出。

动力电池 B 冷却路径：车厢内部的空气通过位于后窗装饰板上的进气管流入，向下流经动力电池，以降低动力电池的温度，然后经过 BMS、总正负继电器等，降低电气元件的温度后，空气被冷却风扇抽出通过排气管从车内排出。

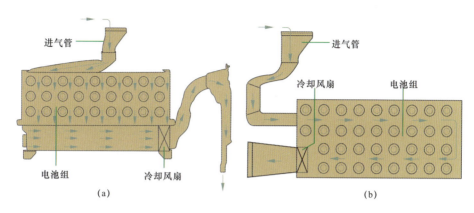

图 5-2-10 动力电池 A 和 B 的冷却路径
（a）动力电池 A；（b）高压电池 B

5.3 驱动电机、控制器冷却系统

电机作为电动汽车驱动可实现极低排放或零排放。电动汽车在驱动与回收能量的工作过程中，电机定子铁芯、定子绕组在运动过程中都会产生损耗，这些损耗以热量的形式向外发散，需要有效的冷却介质及冷却方式来带走热量，保证电机在一个稳定的冷热循环平衡的通风系统中安全可靠运行。电机冷却系统设计的好坏将直接影响电机的安全运行和使用寿命。图 5-3-1 所示为比亚迪 e6 车型驱动电机冷却系统原理图。

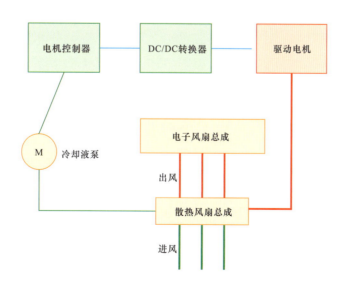

图 5-3-1 比亚迪 e6 车型驱动电机冷却系统原理图

电动汽车驱动电机与控制器的冷却系统主要依靠冷却液泵带动冷却液在冷却管道中循环流动,通过在散热器的热交换等物理过程,冷却液带走电机与控制器产生的热量。为使散热器热量散发更充分,通常还在散热器后方设置风扇。

5.3.1 电机冷却系统分类

电机在工作时,总是有一部分损耗转变成热量,它必须通过电机外壳和周围介质不断将热量散发出去,这个散发热量的过程称为冷却。电机主要冷却方式有自然冷却、风冷和水冷,各类型冷却系统的组成、特点及应用如表 5-3-1 所示。

表 5-3-1 各类型冷却系统的组成、特点及应用

类型	详情
自然冷却	自然冷却依靠电机铁芯自身的热传递,散去电机产生的热量,热量通过封闭的机壳表面传递给周围介质,其散热面积为机壳的表面,为增加散热面积,机壳表面可加冷却筋
	结构简单,不需要辅助设施就能实现,但自然冷却效率差,仅适用于转速低、负载转矩小、电机发热量较小的小型电机
风冷	电机自带同轴风扇来形成内风路循环或外风路循环,通过风扇产生足够的风量,带走电机所产生的热量。介质为电机周围的空气,空气直接送入电机内,吸收热量后向周围环境排出
	冷却效果好;可使用风冷却器,采用循环空气冷却器避免腐蚀物和磨粒,有利于提高电机的使用寿命;结构相对简单,电机冷却成本较低。但受环境因素的制约,在恶劣的工业环境中,如高温、粉尘、污垢和恶劣的天气下无法使用风冷。风冷常用于一般清洁、无腐蚀、无爆炸环境下的电机
水冷	水冷是将冷却液通过管道和通路引入定子或转子空心导体内部,通过循环的冷却液不断的流动,带走电机转子和定子产生的热量,达到对电机的冷却功能
	冷却效果比风冷更显著。但是,需要良好的机械密封装置,冷却液循环系统结构复杂,存在渗漏隐患,如果发生冷却液渗漏,会造成电机绝缘破坏,可能烧毁电机;水质需要处理,其电导率、硬度和 pH 值都有一定的要求
	水冷式电机主要应用于大型机组和高温、粉尘、污垢等恶劣的无法使用自然冷却、风冷型电机的场合,如纺织、冶金、造纸等行业使用的电机

5.3.2 常见车型电机冷却系统

1. 广汽传祺 GA3S PHEV

广汽传祺 GA3S PHEV 电机控制器冷却系统主要由电动冷却液泵、散热器、膨胀罐、

冷却管路等组成。冷却系统主要为车载充电机和电机控制器（电机控制器集成有发电机控制器、驱动电机控制器、DC/DC 转换器等电子元件）冷却降温。广汽传祺 GA3S PHEV 电机控制器冷却系统如图 5-3-2 所示。

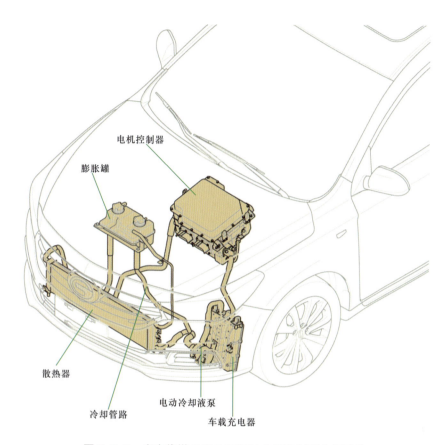

图 5-3-2　广汽传祺 GA3S PHEV 电机控制器冷却系统

车辆起动后，电机控制器冷却系统的冷却液泵开始工作，冷却系统的冷却液开始循环。当冷却系统的温度下降到一定条件后，冷却液泵的转速降低，输出功率较小。此时当温度上升到一定条件后，冷却液泵的转速又开始提高，高功率输出，循环冷却管路中的冷却液。电机控制器冷却液循环示意图如图 5-3-3 所示。

2. 广汽传祺 GE3

广汽传祺 GE3 驱动电机冷却系统主要由电动冷却液泵、散热器、电风扇、膨胀罐、冷却液温度传感器、车载充电机、电机控制器、管路及支架等组成，用于电机控制器、车载充电机、DC/DC 变换器及驱动电机等电子元件温度控制。广汽传祺 GE3 驱动电机冷却系统的组成如图 5-3-4 所示。

车辆起动后，驱动电机冷却系统的冷却液泵开始工作，冷却液开始循环。当冷却系统的温度达到一定条件后，冷却液泵的转速降低，输出功率较小。此时当温度上升到一定条

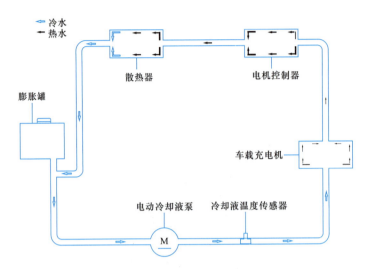

图 5-3-3　电机控制器冷却液循环示意图

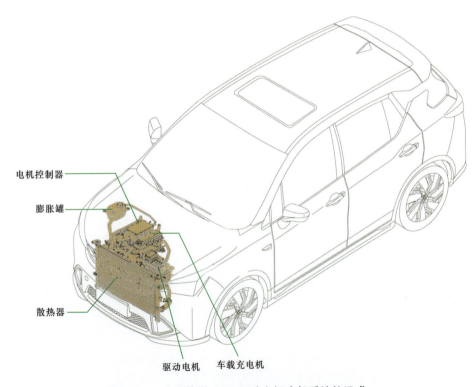

图 5-3-4　广汽传祺 GE3 驱动电机冷却系统的组成

件后，冷却液泵的转速又开始提高，高功率输出，循环冷却管路中的冷却液。冷却液循环示意图如图 5-3-5 所示。

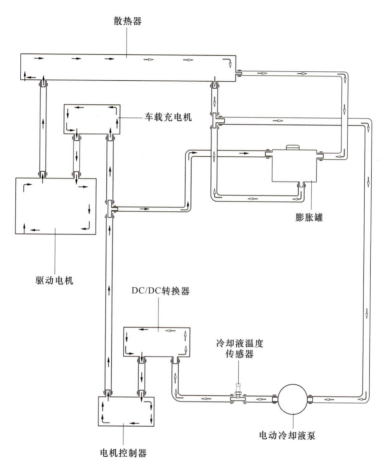

图 5-3-5　冷却液循环示意图

3. 宝马 530LE

宝马 530LE 为了在任何工况下都能确保驱动电机的冷却效果，在冷却系统中使用冷却电动机，并将冷却电动机连接到发动机的冷却管路中，宝马 530LE 发动机和电动机冷却液循环路径如图 5-3-6 所示。

为了冷却定子绕组，在定子支架和自动变速箱壳体之间有一个冷却通道，冷却液通过该通道从发动机冷却回路中流出。冷却通道分别通过两个密封环向前和向后密封。

变速箱油进行转子的冷却，油雾状的变速箱油吸收热量并在变速箱油冷却器上将热量排到大气中。

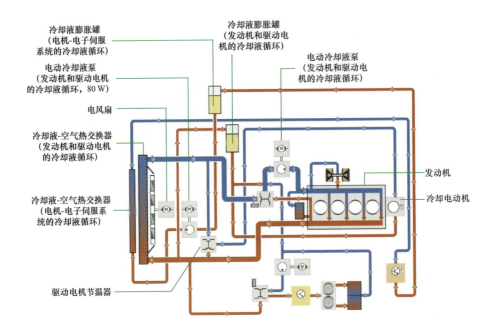

图 5-3-6　宝马 530LE 发动机和电动机冷却液循环路径

驱动电机自带一个节温器，将冷却液流进温度调到约 80 ℃。由于电机工作温度低于发动机工作温度，因此这种调节是必要的。节温器通过一个石蜡恒温元件进行调节，该石蜡恒温元件根据冷却液温度膨胀，此时不存在电动控制。节温器工作原理如图 5-3-7 所示。节温器工作状态及冷却液循环路径如表 5-3-2 所示。

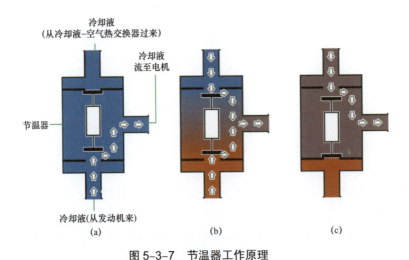

图 5-3-7　节温器工作原理
（a）节温器关闭；（b）节温器部分打开；（c）节温器完全打开

表 5-3-2 节温器工作状态及冷却液循环路径

状态	详情
节温器关闭	冷却液温度较低时,节温器是关闭的,在暖机阶段就是这种情况。此时,节温器堵住冷却液-空气热交换器的冷却液,将发动机的冷却液输送到电机,通过这种方式可迅速达到最佳工作温度
节温器部分打开	由于发动机冷却液温度高,节温器因此部分打开。这导致来自发动机的高温冷却液与来自冷却液-空气热交换器的低温冷却液相互混合。在连接电机的冷却液供给管路中以这种"混合模式"自行调节冷却液温度,约 80 ℃ 的最佳温度
节温器完全打开	如果冷却液-空气热交换器的冷却液温度额外上升,节温器就完全打开。例如,当发动机节温器打开大冷却液循环时,就会出现这种情况。由于额外升温,节温器关闭来自发动机的冷却液管路。现在,来自冷却液-空气热交换器的所有冷却液都流入电机中

4. 宝马 X1 xDrive 25Le（F49 PHEV）

宝马 X1 xDrive 25Le（F49 PHEV）为插电式混合动力汽车,安装的 3 缸 1.5T 涡轮增压发动机需要冷却,因此高压系统搭载了一套专用低温冷却回路。这套专用的低温冷却回路由冷却液-空气热交换器、冷却液膨胀罐、电动冷却液泵以及相关管路等组成,独立于发动机冷却系统之外工作用于冷却高压起动电动发电机,车载充电机,电机电子装置（电机控制器、高压配电单元、DC/DC）,驱动电机等高压组件。高压组件冷却系统组成如图 5-3-8 所示。

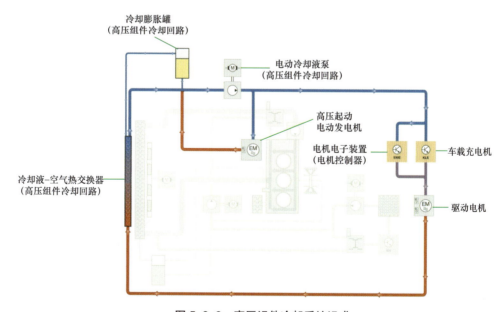

图 5-3-8 高压组件冷却系统组成

高压组件冷却系统安装位置如图 5-3-9 所示。

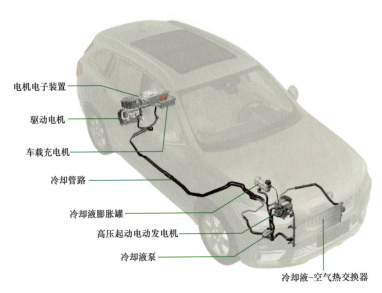

图 5-3-9　高压组件冷却系统安装位置

冷却液-空气热交换器与冷却模块集成为一体。根据电机电子装置（电机控制器）的冷却要求，电动冷却液泵及电风扇进行启用，从而降低高压组件温度。

虽然驱动电机的设计温度范围较大，但是为了保障驱动电机在任何条件下热操作的安全性，驱动电机必须采用可靠的冷却方式进行散热。为了冷却驱动电机定子线圈，在定子和驱动电机壳之间设计了一个冷却管道，高压组件的低温冷却液回路为冷却管道供给冷却液。

驱动电机转子通过转子空气循环冷却系统进行冷却。在这种配置条件下，空气流过转子中的冷却管道以及壳内的冷却管道，空气在壳内被冷却液冷却，这就确保了一个更为平衡和偏低的转子温度。

5. 吉利帝豪 EV300

吉利帝豪 EV300 高压组件（动力电池除外）冷却系统，同样采用水冷方式为电机控制器、车载充电机、驱动电机提供冷却。冷却系统由电动冷却液泵、膨胀罐、散热器、冷却管路等组成，电动冷却液泵由低压电路驱动，为冷却液的循环提供压力。其系统如图 5-3-10 所示。

冷却系统散热器风扇采用双风扇高低速的控制模式，通过两个不同的电机驱动扇叶。冷却风扇由整车控制模块（VCU）利用冷却风扇低速继电器和冷却风扇高速继电器直接控制，在低速电路中，采用串联调速电阻的方式来改变风扇的转速。

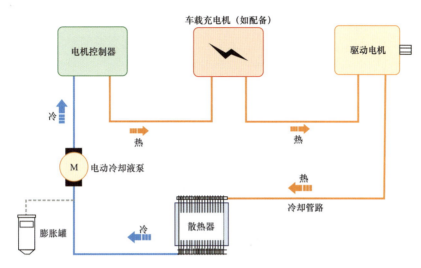

图 5-3-10　吉利帝豪 EV300 高压组件冷却系统

整车控制器还控制电动冷却液泵，在需要的时候开启。同时，通过 CAN 总线接收车载充电机和电机控制器温度信息，在需要时开启冷却液泵，高、低散热器风扇进行散热。冷却系统控制系统原理如图 5-3-11 所示。

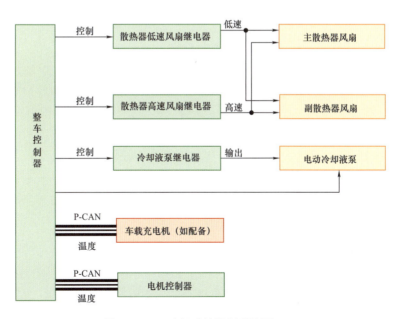

图 5-3-11　冷却系统控制系统原理

6. 吉利帝豪 PHEV

吉利帝豪 PHEV 电机控制器采用水冷方式。驱动电机集成在动力合成箱内，与动力合成箱一起采用油冷方式。吉利帝豪 PHEV 驱动电机控制器冷却系统的组成如图 5-3-12 所示。

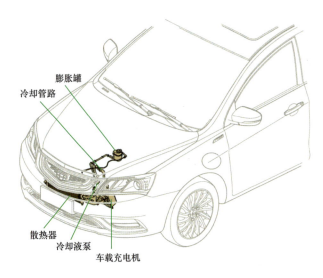

图 5-3-12　吉利帝豪 PHEV 驱动电机控制器冷却系统的组成

吉利帝豪 PHEV 驱动电机控制器冷却系统由冷却液泵、膨胀罐、散热器、冷却管路等组成。冷却系统为电机控制器、车载充电机冷却。

（1）冷却液泵受低压电路驱动，为电机控制器内冷却液的循环提供压力。电机控制器根据冷却液温度变化调节冷却液泵的转速，给定目标转速（占空比）信号，接收冷却液泵实际转速（频率）信号。冷却液在电动冷却液泵的驱动下在管路中的流动路径，如图 5-3-13 所示。

（2）膨胀罐的作用是为冷却系统冷却液排气、膨胀和收缩提供受压容积，补充冷却液和缓冲热胀冷缩的变化，同时也作为冷却液加注口，所以膨胀罐加液不能过满，也不能过低。膨胀罐的安装位置要高于冷却系统所有部件，其目的是当冷却液受热膨胀至散热盖的蒸气阀打开时，部分冷却液随着高压蒸气通过水管进入膨胀罐。

吉利帝豪 PHEV 动力合成箱采用拉维娜行星排作为动力分流机构，控制系统是双电机与发动机两种动力装置有机协调配合。动力合成箱内集成了两个驱动电机 EM1 和 EM2，两个电机布置在动力合成箱的同一侧，均为内置式永磁同步交流电机，驱动电机 EM1 与拉维娜式行星排分流机构的小太阳轮同轴连接，驱动电机 EM2 与拉维娜式行星排分流机构的大太阳轮同轴连接。动力合成箱连接示意图如图 5-3-14 所示。

车辆运行时动力合成箱高速旋转会产生高温，热量通过机体传递，如果不加以降温将导致动力合成箱无法正常工作，动力合成箱机体内设置有冷却管道，通过润滑油的循环与外界进行热交换，这样能将动力合成箱的工作温度保持在一定范围内，防止过热。动力合成箱内冷却系统由冷却液泵、冷却液泵控制器、润滑油冷却器以及相关管路组成，如图 5-3-15 所示。

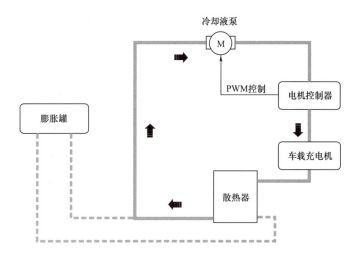

图 5-3-13　冷却液在管路中的流动路径

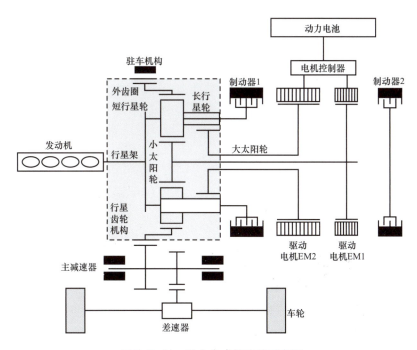

图 5-3-14　动力合成箱连接示意图

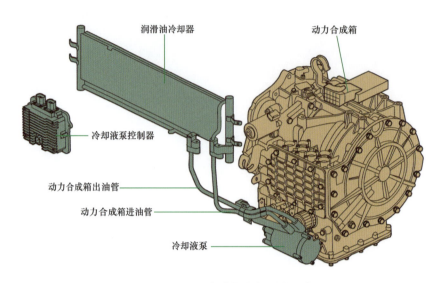

图 5-3-15 动力合成箱冷却系统组成图

7. 丰田混合动力车型

丰田混合动力车型,如普锐斯、凯美瑞、卡罗拉双擎等安装了独立于发动机冷却系统之外工作的另一套冷却系统冷却逆变器、MG1 和 MG2。这套冷却系统由专用储液罐、专用冷却液泵、专用散热器和专用的冷却管路组成,如图 5-3-16 所示。

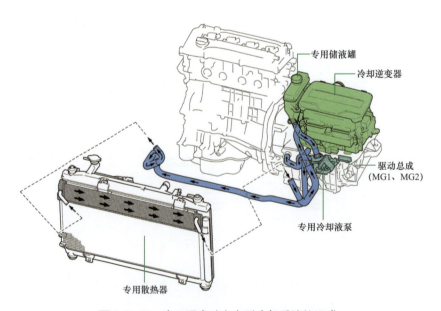

图 5-3-16 丰田混合动力车型冷却系统的组成

将车辆电源状态切换至 READY ON 状态时，该冷却系统激活。

逆变器、MG1 和 MG2 的专用散热器安装于冷凝器（空调）上部，通过集成独立逆变器散热器、空调冷凝器和发动机散热器，使布局更加紧凑。

5.4 冷却系统零部件的更换

5.4.1 吉利帝豪 PHEV 动力电池冷却液泵的更换

1. 拆装前的准备

打开行李厢盖，断开蓄电池负极导线连接。

2. 拆卸动力电池冷却液泵

（1）举升车辆，断开电动冷却液泵线束插接器，如图 5-4-1 所示。

（2）如图 5-4-2 所示，使用卡箍钳首先松开电动冷却液泵进水管卡箍，断开进水管；其次松开电动冷却液泵出水管卡箍，断开出水管；最后使用扳手拆卸电动冷却液泵 3 个固定螺栓，取下冷却液泵及支架。

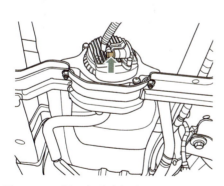

图 5-4-1　断开电动冷却液泵线束插接器

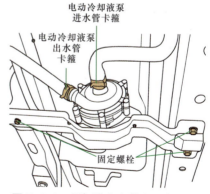

图 5-4-2　拆卸进出水管和固定螺栓

（3）拆卸 2 个固定螺栓，分离冷却液泵和安装支架，如图 5-4-3 所示。

（4）安装按照拆卸相反的顺序进行即可，注意以下螺栓的拧紧力矩：

冷却液泵固定螺栓（参照图 5-4-3）：9 N·m；

冷却液泵支架三颗固定螺栓（参照图 5-4-2）：9 N·m。

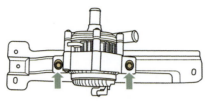

图 5-4-3　分离冷却液泵和安装支架

5.4.2　吉利帝豪 PHEV 动力电池进出水管的更换

1. 动力电池进水管的更换

（1）打开行李厢盖，断开蓄电池负极导线连接，拆卸维修开关。

（2）举升车辆，使用卡箍钳拆卸卡箍，断开动力电池进水管与电动冷却液泵的连接，如图 5-4-4 所示。

（3）拆卸图 5-4-5 中箭头指示的卡箍和卡扣，断开动力电池进水管与动力电池的连接，并取下动力电池进水管。

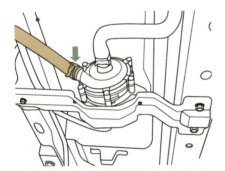

图 5-4-4　断开动力电池进水管与电动冷却液泵的连接

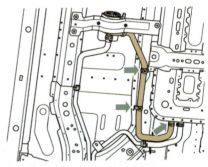

图 5-4-5　拆卸动力电池进水管

安装按照拆卸相反的顺序进行。

2. 动力电池出水管的更换

（1）打开行李厢盖，断开蓄电池负极导线连接，拆卸维修开关。

（2）举升车辆，使用卡箍钳拆卸卡箍 1，断开动力电池出水管与动力电池的连接，如图 5-4-6 所示。

（3）使用卡箍钳拆卸卡箍 2，断开动力电池出水管与连接硬管的连接，取下动力电池出水管，如图 5-4-6 所示。

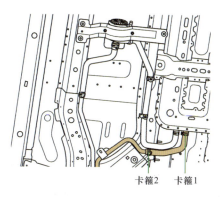

卡箍2　卡箍1

图 5-4-6　动力电池出水管的更换

安装按照拆卸相反的顺序进行。

5.4.3　吉利帝豪 PHEV 电机控制器冷却液泵的更换

1. 拆装前的准备

打开行李厢盖，断开蓄电池负极导线连接，拆卸前保险杠上装饰板，拆卸散热器面罩，拆卸前保险杠，拆卸左前大灯总成。

2. 排放电机控制器冷却液

（1）打开冷却液膨胀罐总成盖，如图 5-4-7 所示。
（2）拆卸散热器出水管与冷凝器连接卡箍（图 5-4-8 箭头所示），使用容器接住冷却液。

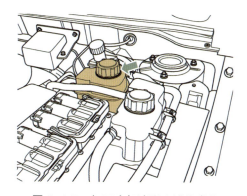

图 5-4-7　打开冷却液膨胀罐总成盖

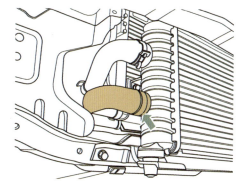

图 5-4-8　拆卸散热器出水管与冷凝器连接卡箍

3. 拆卸冷却液泵

（1）如图 5-4-9 所示，首先断开电机控制器冷却液泵线束插接器；其次拆卸卡箍 1，断开电机控制器进水管与冷却液泵连接，并取下进水管；最后拆卸卡箍 2，断开电机控制器散热器进水管与冷却液泵的连接，并取下进水管。

（2）如图 5-4-10 所示，从橡胶支架上分离电机控制器冷却液泵，取下冷却液泵。

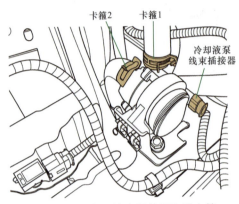

图 5-4-9　断开线束插接器和进水管

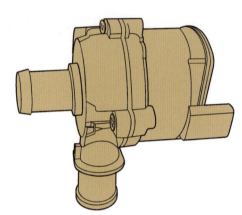

图 5-4-10　分离冷却液泵及支架

5.4.4　比亚迪 e6 冷却系统冷却液的排放及加注

1. 排放冷却液

（1）关闭所有用电器及点火开关，拔出点火钥匙。
（2）旋出低温膨胀罐盖。
（3）拆卸发动机下护板。
（4）将用于收集冷却液的容器放置在车辆底部。
（5）旋出散热器橡胶堵塞，将冷却液软管中的冷却液排出，如图 5-4-11 所示。

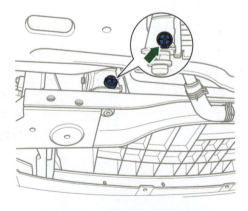

图 5-4-11　旋出散热器橡胶堵塞

2. 加注冷却液

（1）安装散热器橡胶堵塞并拧紧，如图 5-4-12 所示。
（2）添加 3.2 L 冷却液。
（3）打开点火开关，连接车辆诊断仪选择"起动 HEV 电动液泵"，将系统内的空气排出。
（4）再次检查冷却液是否到低温膨胀罐的上部标记 MAX 处，必要时添加冷却液。低温膨胀罐如图 5-4-13 所示。

提示：
① 冷却液不能重复、混合使用，也不能更换不同颜色的冷却液。
② 只能使用厂家认可的、符合国家标准的冷却液。
③ 冷却液可以防止霜冻、腐蚀损坏和结垢，此外还能提高沸点，因此冷却液必须按标准加注。
④ 禁止使用磷酸盐和硝酸盐作为防腐剂的冷却液。
⑤ 在热带气候的南方，须使用高沸点的冷却液。
⑥ 在寒冷的北方，必须保证防冻温度低至约 −25 ℃（有的地方低至约 −35 ℃）。
⑦ 冷却液添加剂与水的比例至少 50%。
⑧ 冷却液回收必须按照国家相关规定进行处理。

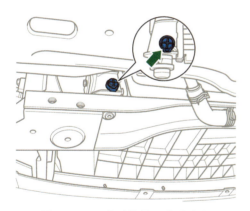

图 5-4-12　安装散热器橡胶堵塞

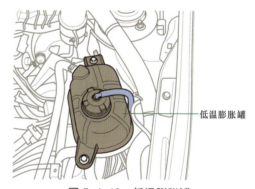

图 5-4-13　低温膨胀罐

5.4.5　比亚迪 e6 驱动电机冷却液泵的更换要点

1. 拆卸

（1）关闭所有用电器及点火开关，拔出点火钥匙。
（2）断开蓄电池负极接线柱。
（3）断开手动维修开关。
（4）举升车辆。
（5）排放驱动电机冷却系统内的冷却液。

（6）松开卡箍，脱开驱动电机冷却系统电动冷却液泵上的连接管①和②，如图5-4-14所示。

（7）断开电机冷却系统电动冷却液泵插头，如图5-4-15所示。

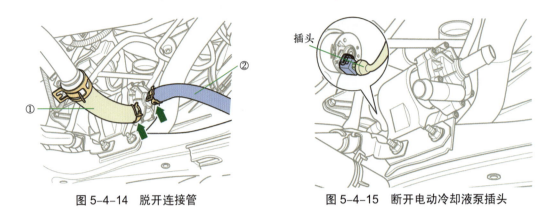

图5-4-14　脱开连接管　　　　　图5-4-15　断开电动冷却液泵插头

（8）旋出固定螺母，取出驱动电机冷却系统电动冷却液泵，如图5-4-16所示。螺母拧紧力矩：（21±3）N·m。

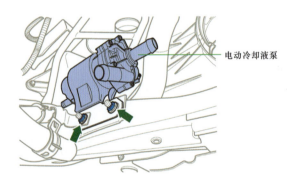

图5-4-16　取出电动冷却液泵

注意：
驱动电机冷却系统电动冷却液泵在拆卸过程中内部可能残留冷却液，需将其完全排放。

2. 安装

安装以相反顺序进行。

5.4.6　比亚迪e6驱动电机冷却液温度传感器的更换要点

1. 拆卸

（1）关闭点火开关及所有用电器，拔出点火钥匙。

(2）断开蓄电池负极接线柱。

(3）断开手动维修开关。

(4）排放驱动电机冷却系统中的冷却液。

(5）断开驱动电机冷却系统冷却温度传感器插接器，如图 5-4-17 所示。

(6）松开水管卡箍，并脱开水管①与②，取下驱动电机冷却系统温度传感器，如图 5-4-18 所示。

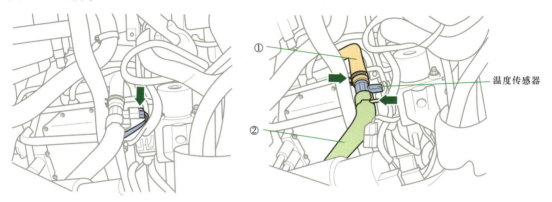

图 5-4-17　断开冷却温度传感器插接器　　　　图 5-4-18　取下温度传感器

2. 安装

安装以相反顺序进行。

5.4.7　吉利帝豪 EV300 高压组件冷却液泵的更换要点

(1）打开前机舱盖，断开蓄电池负极电缆。

(2）先断开电动冷却液泵线束插接器，再拆卸冷却液泵支架固定螺栓，如图 5-4-19 所示。

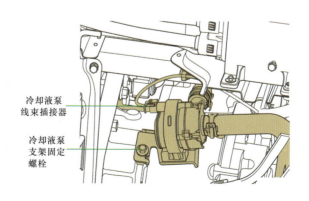

图 5-4-19　拆卸冷却液泵插接器和固定螺栓

（3）使用专用环箍钳拆卸散热器出水管卡箍，并脱开散热器出水管；同样使用环箍钳拆卸电机控制器进水管卡箍，脱开电机控制器进水管，如图 5-4-20 所示，并取下冷却液泵。

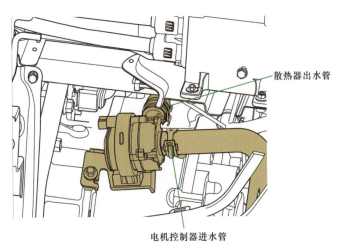

图 5-4-20　拆卸卡箍脱开进出水管

5.4.8　吉利帝豪 EV300 散热器出水管更换

（1）打开前机舱盖，断开蓄电池负极导线，拆卸前保险杠和散热器面罩。同时拆卸发动机左下护板和左前大灯，并在散热器下放置容器接住冷却液。

（2）打开冷却液膨胀罐盖。使用专用环箍钳拆卸散热器出水管与冷凝器的连接卡箍，如图 5-4-21 所示。

（3）使用专用环箍钳拆卸散热器出水管与冷却液泵固定卡箍，并取出水管，如图 5-4-22 所示。

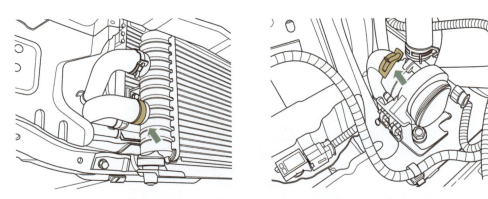

图 5-4-21　拆卸连接卡箍　　图 5-4-22　拆卸散热器出水管与冷却液泵固定卡箍

安装按照与拆卸相反的顺序进行，安装卡箍时应使用专用环箍钳。

5.4.9　吉利帝豪 EV300 散热器进水管的更换要点

（1）打开前机舱盖，断开蓄电池负极导线，拆卸前保险杠装饰板。

（2）使用环箍钳拆卸散热器侧进水管卡箍，并从散热器上脱开进水管，如图 5-4-23 所示。

（3）使用环箍钳拆卸电动机侧散热器进水管卡箍，如图 5-4-24 所示。

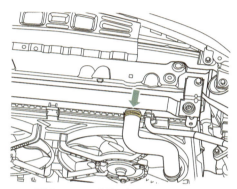

图 5-4-23　拆卸卡箍脱开进水管

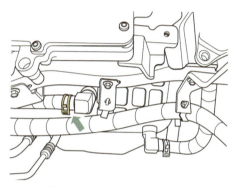

图 5-4-24　拆卸进水管卡箍

5.5　冷却系统常见故障诊断与排除

5.5.1　冷却系统故障诊断

冷却系统故障诊断如表 5-5-1 所示。

表 5-5-1　冷却系统故障诊断

故障现象	故障分析	处理措施
冷却液泵工作有异响（嗡嗡声）	首先分析车辆是在行驶中还是静止状态出现的异响，若以上两种情况均有，检查散热器内防冻液是否充足，补充后再进行试车，如还是存在异响，考虑为冷却液泵出现故障	补充防冻液；若补充后，冷却液泵声音仍然很大，更换冷却液泵

续表

故障现象	故障分析	处理措施
仪表报出驱动电机过热	·冷却液泵不工作/运转不顺畅； ·水管堵塞； ·冷却系统缺冷却液； ·散热器外部过脏； ·散热器散热效果不佳，如散热器翅片发生变形，通风量降低等； ·电子风扇不转	·检查冷却液泵电路部分，更换相应器件（熔断丝、继电器、线束）；更换冷却液泵。 ·更换相关管路。 ·补充冷却液。 ·清理散热器表面脏污（如杨絮、蚊虫等杂物）。 ·更换散热器。 ·检查电风扇供电电路

5.5.2 电动冷却液泵检测与维修

电动冷却液泵不工作可导致冷却液无法在冷却系统中流动，从而造成高压系统过热。电动冷却液泵的故障诊断与排除如图 5-5-1 所示。

5.5.3 电机过热故障诊断与排除

当显示电机过热故障时首先使用整车钥匙上电复位 3 次，如果不能清除该故障请按图 5-5-2 所示逻辑判断。

5.5.4 MCU 控制器过热故障诊断与排除

车辆行驶中频繁报出 MCU 控制器过热故障，请先检查冷却系统是否正常工作，如正常请更换电机控制器总成，具体流程如图 5-5-3 所示。

5.5.5 冷却系统引起的电机过热被限速 9 km/h 故障案例

1. 故障现象

车辆行驶几公里以后，出现限速 9 km/h 现象，仪表显示电机控制器过热。

2. 诊断思路

可能原因：冷却液泵故障、散热风扇故障、冷却液缺少或冷却系统内部堵塞。

3. 故障诊断与排除

用诊断仪读数据显示电机控制器温度为 75 ℃，散热器风扇高速旋转，检查冷却液泵工作正常、膨胀罐冷却液也不缺；冷却液泵在工作过程中观察膨胀罐发现冷却液循环不畅现象，进一步对冷却系统进行管道堵塞排查。采用压缩空气对散热器、管路和电机控制器进行疏通检查时发现电机控制器内部有阻塞。找到堵塞点用高压空气将电机控制器内部异

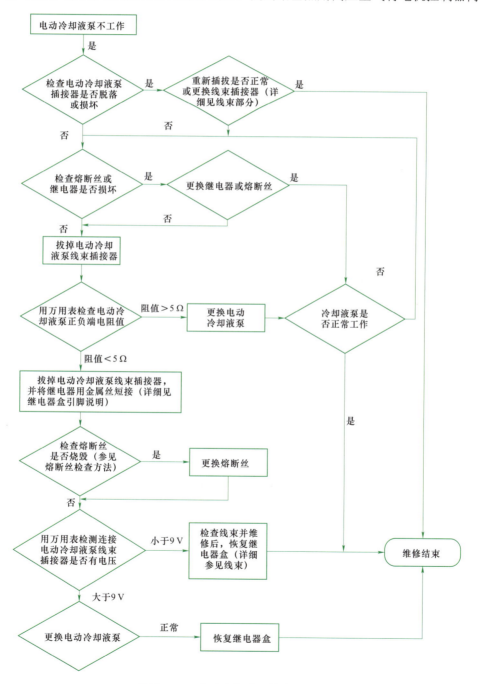

图 5-5-1　电动冷却液泵故障诊断与排除

物吹出，恢复冷却系统管路加注冷却液后进行试车不再出现电机系统过热，故障排除。

4. 故障分析

该车型电机系统冷却方式采用水冷式，电机控制器和电机是串联式循环，电机控制器的温度在75 ℃～85 ℃时电机降功率，当电机控制器温度高于85 ℃时电机将立即停止工作，所以此车电机控制器温度达到75 ℃被降功率。

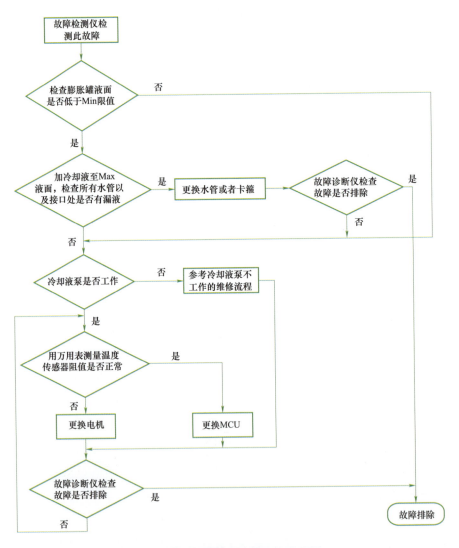

图 5-5-2　电机过热故障诊断与排除流程

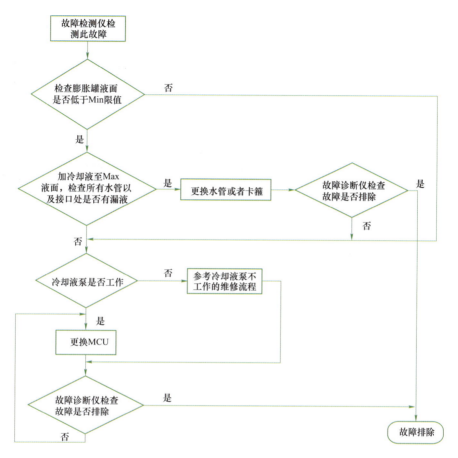

图 5-5-3　MCU 控制器过热故障诊断与排除

第 6 章

电动汽车充电系统

6.1 电动汽车充电系统

6.1.1 充电系统概述

1. 常规充电模式（交流慢充）

常规充电模式是采用车载充电机方式对车辆进行充电。充电过程分为两个阶段：第一阶段为恒流快充阶段，第二阶段为恒压慢充阶段，通常的充电时间为 8～12 h。

常规充电模式，一般是利用家庭车库或充电站等地的交流充电桩提供充电电源，通过车载充电机进行充电，此方法又称交流慢速充电法。采用交流充电桩必须使用车载充电机进行充电。充电车辆只需将车停靠在充电站指定的位置上，接上充电插头即可开始充电。

这种充电方法采用 220 V 交流电为电源，充电装置和导线应按国家标准设置，采用专门充电线路。若采用家庭临时线路充电，充电线路和插座应符合国家标准，额定电流应不低于 16 A，需运用专用线路，充电电缆的线路连接中间不允许有转换连接，接地保护应安全可靠。

交流充电桩可设置在小型充电站点，也可以设置在城市公共停车场、机关、企事业单位、街边、超市等处，作为电动汽车的公共设施，便民共享；还可以设置在家庭车库，使用方便、经济。公用充电桩设有计量、计费功能,可投币或刷卡方式结算。充电功率一般在 5～10 kW,采用单相 220 V 供电或三相四线制 380 V 供电(一般应用在专门充电站)。

常规充电主要在晚间进行,晚间电网处于城市用电低谷,有效地避开了城市用电的高峰,电价价格便宜,国家鼓励晚间用电,给予用电优惠政策,实行 1/3 的电价。纯电动汽车晚间充电,既不影响白天车辆的使用,车辆使用的经济性好,又解决了电网的错峰使用。

2.3 种交流充电慢充模式

(1)充电模式 1:将电动汽车连接到交流电网时,在电源侧使用了符合《家用和类似用途插头插座 第 1 部分:通用要求》(GB 2099.1—2008) 要求的额定电流不小于 16 A 的插头和插座,在电源侧使用了相线、中性线和接地保护,并且在电源侧使用了漏电保护器,额定电压 220 V(AC),电流 16 A。这种充电方式使用与电动汽车连接在一起的供电电缆和插头,连接交流充电站或民用、工业用或专用插座进行充电,如图 6-1-1 所示。

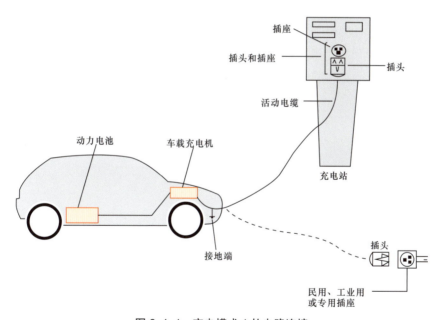

图 6-1-1　充电模式 1 的电路连接

(2)充电模式 2:将电动汽车连接到交流电网时,在电源侧使用了符合 GB 2099.1—2008 要求的插头和插座,在电源侧使用了相线、中性线和接地保护,并且在充电连接电缆上安装了控制导引装置,额定电压 220 V(AC),电流 16 A。这种充电方式使用带电动汽车插接器和电源插接器的独立的活动电缆,连接交流充电站或民用、工业用或专用插座进行充电,如图 6-1-2 所示。

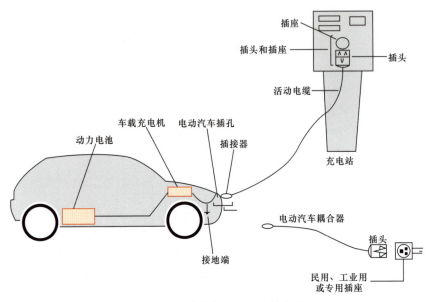

图 6-1-2　充电模式 2 的连接方式

（3）充电模式 3：将电动汽车连接到交流电网时，使用了专用供电设备，将电动汽车与交流电网直接连接，并且在专用供电设备上安装了控制导引装置，额定电压 220 V(AC)，电流 32 A。这种充电模式使用了和交流电网（交流充电站，民用、工业用或专用插座）连接在一起的电缆和车辆插接器进行充电，如图 6-1-3 所示。

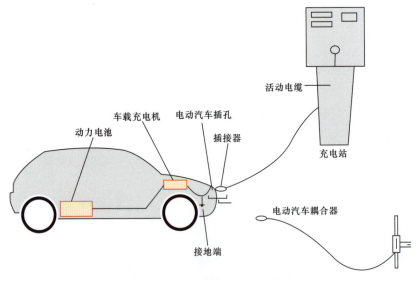

图 6-1-3　充电模式 3 的连接方式

3. 快速充电模式（直流快充）

电动汽车快速充电模式是一种直流充电模式，是将电动汽车连接到交流电网并将交流电转变为直流电的专用直流充电设施（直流充电桩），对电动汽车进行快速充电。电动汽车需要通过专门直流充电接口连接直流充电桩，使用非车载充电机对电动汽车进行直流充电。图 6-1-4 所示为特斯拉建立的超级充电站，该充电站为直流快充模式。

图 6-1-4　特斯拉超级充电站

快速充电模式能在较短时间内使动力电池达到或接近充满状态。这种快速充电也可称为应急充电，采用专用直流快速充电设备（直流充电桩）进行充电，该充电方式以较大的充电电流（通常为几十到几百安培的大电流）在较短时间内完成动力电池充电。充电功率很大，能达到上百千瓦，充电额定电压：400～750 V（DC），额定电流：125～250 A。

快速充电模式能在 30 min 左右，使车辆电池电量接近或达到完全充满的状态，改善了纯电动汽车行驶里程短，充电时间长的状况。为纯电动汽车远距离使用和推广打下了基础。快速充电方式主要针对长距离行驶或需要进行快速补充电能的情况进行充电。

快速充电模式充电桩消耗的电流和功率都很大，对电网有较高的要求，一般应靠近 10 kW 变电站附近。另外，快速充电模式对个别动力电池寿命有一定的影响，在短时间内接收大量的电量会导致动力电池过热。普通动力电池不宜进行快速充电，电动汽车一般应尽量采用常规充电模式。快速充电模式更适宜紧急情况和动力电池补充充电。此外，该充电模式对动力电池更换站，还需采取较为复杂的谐波抑制措施，与常规充电模式相比设备成本相对较高。

交流、直流充电桩充电对比如图 6-1-5 所示。

4. 更换动力电池充电模式（换电模式）

更换动力电池充电模式是将需要充电的动力电池从电动汽车卸下，换上另外已经充满电量的动力电池，安装完毕后，车辆即可行驶使用。换下的动力电池交给动力电池更换站由专业的充电机构充电。动力电池更换站同时具备常规充电模式和快速充电模式，也就是说可以用低谷电给动力电池充电，降低充电成本，同时又能在很短的时间内完成"充电"（更换电池）过程。通常专业动力电池更换站更换动力电池的过程在 10 min 内完成，与内燃机汽车加油时间大致相当。图 6-1-6 所示为动力电池更换站，正在进行动力电池更换操作。

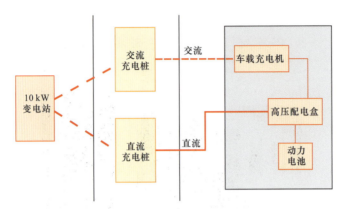

图 6-1-5　交流、直流充电桩充电对比

图 6-1-6　动力电池更换站

另外，动力电池更换站属于动力电池的维修专业机构，换下的动力电池，在专业人员维护下，性能稳定，寿命得以提高。

6.1.2　充电接口

电动汽车充电接口是指通过活动电缆与充电外部设备和电动汽车相连接的充电部件，包括充电插头和充电插座两部分。

1. 交流充电接口

根据国标 GB/T 20234.2—2011《电动汽车传导充电用连接装置　第 2 部分：交流充电接口》规定，电动汽车传导充电用交流充电接口，其额定电压不超过 440 V（AC），频率

50 Hz，额定电流不超过 32 A。

标准规定，在国内生产和销售的电动汽车车辆接口和充电接口分别包含 7 对触点，其电气参数值及功能定义如表 6-1-1 所示。

表 6-1-1 交流充电接口参数值及功能定义

触点编号 / 标识	额定电压和额定电流	功能定义
1-（L）	250 V/440 V　16 A/32 A	交流电源
2-（NC1）	—	备用触点
3-（NC2）	—	备用触点
4-（N）	250 V/440 V　16 A/32 A	中线
5-（接地）	—	保护接地（PE），连接供电设备地线和车辆车身地线
6-（CC）	30 V 2 A	充电连接确认
7-（CP）	30 V 2 A	控制确认

充电插头、插座布置如图 6-1-7 所示。

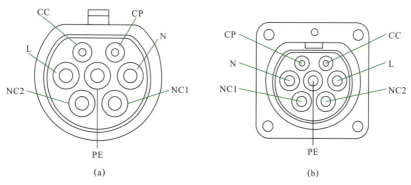

图 6-1-7　充电插头、插座布置
（a）充电插头布置；（b）充电插座布置

在交流充电过程中，首先连接保护搭铁端子，最后连接控制确认端子。在脱开过程中，首先断开控制确认端子，最后断开保护搭铁端子。交流充电连接界面如图 6-1-8 所示。

2. 直流充电接口

根据国标 GB/T 20234.3—2011《电动汽车传导充电用连接装置　第 3 部分：直流充电接口》规定，电动汽车传导充电用直流充电接口，其额定电压不超过 750 V（DC），额定电流不超过 250 A（DC）。

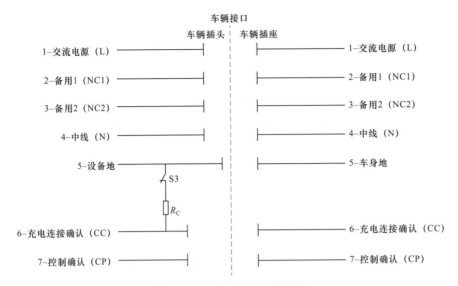

图 6-1-8 交流充电连接界面

标准规定,直流充电接口的车辆插头和车身插座分别包含 9 对触点,其电气参数值及功能定义如表 6-1-2 所示。

表 6-1-2 直流充电接口的电气参数值及功能定义

触点编号/标识	额定电压和额定电流	功能定义
1-(DC+)	750 V 125 A/250 A	直流电源正,连接直流电源正极与动力电池正极
2-(DC-)	750 V 125 A/250 A	直流电源负,连接直流电源负极与动力电池负极
3-(接地)	—	保护接地(PE),连接供电设备地线和车辆车身地线
4-(S+)	30 V 2 A	充电通信 CAN_H,连接非车载充电机与电动汽车的通信线
5-(S-)	30 V 2 A	充电通信 CAN_L,连接非车载充电机与电动汽车的通信线
6-(CC1)	30 V 2 A	充电连接确认 1
7-(CC2)	30 V 2 A	充电连接确认 2
8-(A+)	30 V 20 A	低压辅助电源正,连接非车载充电机为电动汽车提供的低压辅助电源
9-(A-)	30 V 20 A	低压辅助电源负,连接非车载充电机为电动汽车提供的低压辅助电源

直流充电接口充电插头、插座布置如图 6-1-9 所示。

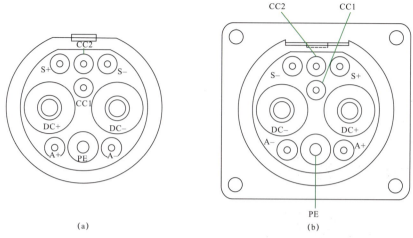

图 6-1-9 直流充电接口充电插头、插座布置
（a）充电插头布置；（b）充电插座布置

充电插头和插座在连接过程中触点耦合的顺序为：保护接地、直流电源正、直流电源负、车辆端连接确认、低压辅助电源正与低压辅助电源负、充电通信与供电端连接确认；在脱开的过程中则顺序相反。直流充电接口的连接界面如图 6-1-10 所示。

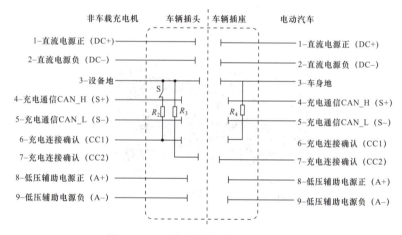

图 6-1-10 直流充电接口的连接界面

6.2 常见车型充电系统

1. 比亚迪 e6 充电系统

1）慢充系统

比亚迪 e6 慢充系统由慢充接口、车载充电机、动力电池管理器和高压配电箱以及相

关线束组成，如图 6-2-1 所示。

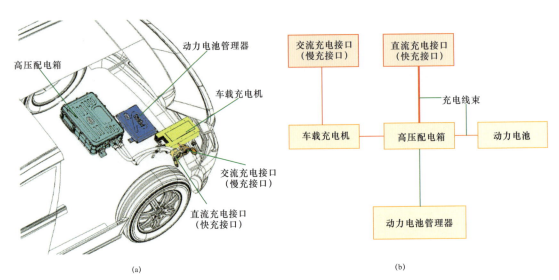

图 6-2-1　比亚迪 e6 充电系统
（a）结构；（b）框图

比亚迪 e6 慢充和快充充电接口都安装在车辆左侧行李厢附近，如图 6-2-2 所示。慢充接口及其定义如图 6-2-3 所示。

图 6-2-2　比亚迪 e6 充电接口

（1）车载充电机。

车载充电机的作用是将输入的 220 V 交流电转换为动力电池所需的 290～420 V 高压直流电，实现电池电量的补给。

220 V 民用交流电连接慢充线束的一端，将 220 V 交流电通过线束输入车载充电机；车载充电机将 220 V 交流电转换为动力电池所需的 290～420 V 高压直流电送往高压配电箱，再由高压配电箱根据动力电池电量情况进行充电。

（2）高压配电箱。

高压配电箱控制整车高压系统电量的通断，在车辆上电和车辆充电时，高压配电箱内

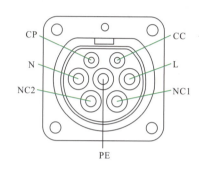

端子功能	端子（左为充电接口）	条件	正常值
CP：慢充控制确认	CC～车身地	OFF	约 5 V
	PE-车身地	OFF	小于 1 Ω
	N～N（VTOG 高压）	OFF	小于 1 Ω
CC：慢充连接确认	L～L1（VTOG 高压）	OFF	小于 1 Ω
	L～L2（VTOG 高压）	OFF	小于 1 Ω
N：中线	L～L3（VTOG 高压）	OFF	小于 1 Ω
L：交流电源	CC～52（VTOG 低压）	OFF	小于 1 Ω
PE：车身搭铁	CP～23（VTOG 低压）	OFF	小于 1 Ω
NC1：备用触点	—	—	—
NC2：备用触点	—	—	—

图 6-2-3　慢充接口及其定义

各接触器有效按时序运行通断，保证整车高压系统的安全运行，高压配电箱连接导线如图 6-2-4 所示。

图 6-2-4　高压配电箱连接导线

高压配电箱内部元器件标识如图 6-2-5 所示。

（3）动力电池管理器。

动力电池管理器对电池充放电信息进行采集（电流、电压、温度）。主要实现功能：故障检测和报警、动力电池状态监测、充放电控制及电池均衡。动力电池管理器外观、端子和端子定义如图 6-2-6 所示。

2）快充系统

比亚迪 e6 快充接口及端子位定义如图 6-2-7 所示。车辆充电时车身连接装置，将外

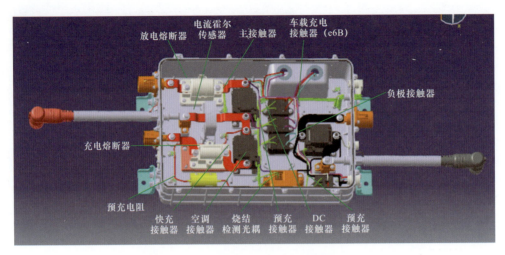

图 6-2-5 高压配电箱内部元器件标识

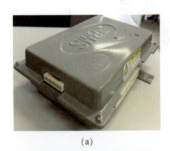

(a)

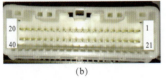

(b)

脚位	定义	脚位	定义	脚位	定义
1	直流充电接触器	15	CANL2 低	28	12 V DC 地
2	放电预充接触器	16	CANH2 高	29	空
3	交流充电接触器	17	CANL1 低	30	空
4	直流充电仪表信号	18	CANH1 高	31	漏电传感器电源
5	接触器地	19	空	32	漏电传感器地
6	12 V 蓄电池电源	20	电流霍尔信号	33	严重漏电信号
7	12 V 蓄电池地	21	正极主接触器	34	CANL0 低
8	直流充电感应信号	22	DC 接触器	35	CANH0 高
9	空	23	预留	36	CAN0 地
10	交流充电感应开关	24	预留	37	CAN1 地
11	风机地	25	预充信号	38	电流霍尔电源
12	漏电传感器电源	26	充电感应开关地	39	电流霍尔电源
13	一般漏电信号	27	12 V DC 电源	40	电流霍尔地
14	CAN2 地				

(c)

图 6-2-6 动力电池管理器外观、端子和端子定义
(a) 外观；(b) 端子；(c) 端子定义

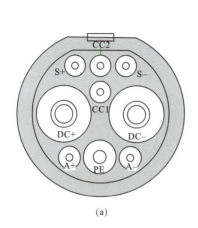

CC1	CAN H
CC2	充电连接确认
S+	CAN H
S−	CAN L
DC+	充电输入 +
DC−	充电输入 −
A+	12 V 电源 +
A−	12 V 电源 −
PE	车身地

(a)   (b)

图 6-2-7 比亚迪 e6 快充接口及端子定义
(a) 快充接口；(b) 端子定义

界电能传导、输入到动力电池。充电接口盖有阻尼特性，即检测充电接口上"CC1"对"PE"的阻值是否为 1 kΩ；同时，需要检测充电接口到电源管理器的连接是否正常。

2. 吉利帝豪 EV300 充电系统

吉利帝豪 EV300 充电系统由车载充电机、充电接口照明灯、充电接口指示灯、交流充电接口、直流充电接口和辅助控制器（ACM）等组成，如图 6-2-8 所示。

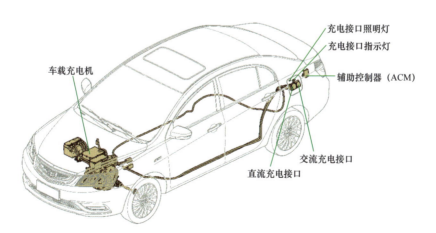

图 6-2-8 吉利帝豪 EV300 充电系统

辅助控制器（ACM）控制交流充电枪锁止，防止交流充电枪被盗。辅助控制器（ACM）还具有以下功能：检测充电接口盖是否打开、充电指示灯控制、充电照明灯控制、低压蓄电池智能充电等。辅助控制器（ACM）及慢充、快充充电系统组成如图 6-2-9 所示。

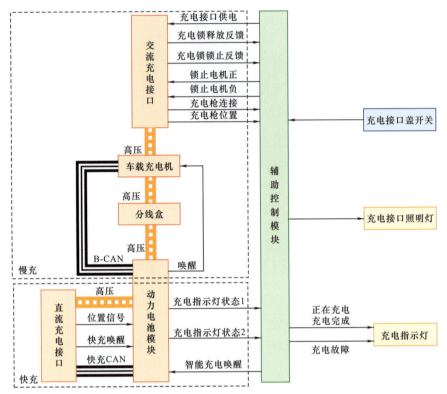

图 6-2-9　辅助控制器（ACM）及慢充、快充充电系统组成

3. 吉利帝豪 PHEV 充电系统

吉利帝豪 PHEV 充电系统主要有交流慢充、能量回收以及低压充电三种形式。系统主要由车载充电机、充电机连接导线、交流充电插座、动力电池、12 V 低压蓄电池组成，如图 6-2-10 所示（图 6-2-10 中未给出 12 V 低压蓄电池安装位置）。

1）交流慢充

当车辆处于交流充电模式下，车载充电机检测充电接口的 CC（充电枪插入）、CP（导通信号）并唤醒动力电池控制器，动力电池控制器唤醒车身控制单元，接收到车身控制单元的允许充电信号后，发送指令给车载充电机，同时闭合主继电器，动力电池开始充电。交流慢充充电能量传递路线如图 6-2-11 所示。

2）能量回收

能量回收是在车辆滑行或制动过程中，驱动电机从驱动状态转变为发电状态，将车辆的动能转换为电能储存在动力电池中。车辆在 P 挡怠速、滑行或转动时，电池控制器根据当前动力电池状态和制动踏板位置信号，计算能量回收扭矩并发送指令给电机控制器，起动能量回收。能量回收传递路线与能量消耗相反，如图 6-2-12 所示。

图 6-2-10　吉利帝豪 PHEV 充电系统组成

图 6-2-11　交流慢充充电能量传递路线

图 6-2-12　能量回收传递路线与能量消耗示意图

3）低压充电

高压系统上电前，低压电路系统依赖 12 V 低压蓄电池供电；当高压系统上电后，集成在电机控制器中的 DC/DC 转换器将动力电池的高压直流电转换为低压直流电为 12 V 低压蓄电池充电。低压充电流程如图 6-2-13 所示。

图 6-2-13　低压充电流程

4. 广汽传祺 GE3 电动汽车充电系统

广汽传祺 GE3 电动汽车充电系统分为交流慢充和直流快充两类，其系统组成如图 6-2-14 所示。

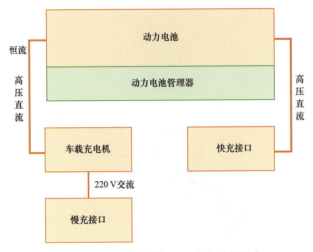

图 6-2-14　广汽传祺 GE3 充电系统组成

1）慢充充电系统

慢充充电系统由车载充电机、慢充线束、慢充接口等组成。车载充电机通过普通家庭单相交流电（220 V）或者交流充电桩充电，将其能量转化为高压直流电给动力电池充电。

2）快充充电系统

快充充电系统由快充接口、动力电池、快充线束组成。快充接口接收来自快速充电桩的高压直流电，在电池控制器的控制下为动力电池充电。

广汽传祺 GE3 充电系统零部件位置如图 6-2-15 所示。

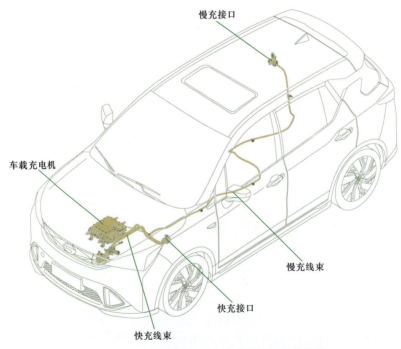

图 6-2-15　广汽传祺 GE3 充电系统零部件位置

6.3 充电系统维修要点

6.3.1 比亚迪 e6 充电接口的更换要点

1. 拆装前的准备

（1）起动开关 OFF。
（2）断开低压蓄电池负极导线。
（3）拆卸维修开关（参照本书 1.3.3 相关内容）。
① 打开车辆室内储物盒，并取出内部物品；
② 取出储物盒底部隔板；
③ 使用十字螺丝刀将安装盖板螺钉（4 pcs）拧下，并掀开盖板；
④ 取下维修开关上盖板；
⑤ 拉动维修开关手柄呈竖直状态，向上提拉，取出维修开关；
⑥ 使用电工绝缘胶布封住维修开关插接件母端。

2. 直流充电接口的更换

拆卸：
（1）拆卸充电接口安装板和充电口法兰面固定螺栓，如图 6-3-1 所示。

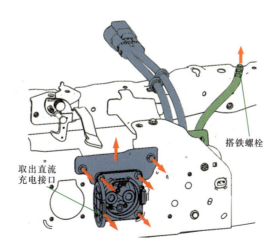

图 6-3-1 拆卸直流充电接口

（2）拆卸两个搭铁螺栓，如图 6-3-1 所示。

(3)断开高低压插接件并拆掉扎带。

(4)按图6-3-1所示的方向取出直流充电接口。

安装：

(1)先将直流充电接口高低压线束穿过车身安装钣金。

(2)将直流充电接口小压板装上，拧紧法兰面固定螺栓，如图6-3-2所示。

(3)固定好高压线束扎带并接上所有高低压插接件，拧紧2个搭铁螺栓，如图6-3-2所示。

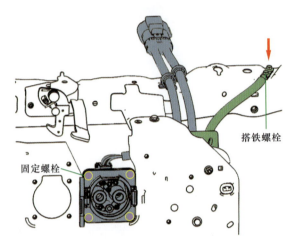

图6-3-2　安装直流充电接口螺栓

3. 交流充电接口拆装

拆卸：

(1)断开交流充电接口高低压插接件并拆掉高压线束扎带，拆卸2个搭铁螺栓，如图6-3-3所示。

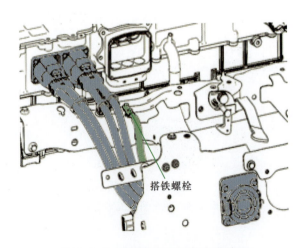

图6-3-3　拆卸和安装交流充电接口

（2）拆卸 4 个法兰面固定螺栓，如图 6-3-3 所示。

（3）向外取出交流充电接口。

安装：

（1）将交流充电接口线缆由外向里安装。

（2）拧紧 4 个充电接口法兰面固定螺栓，如图 6-3-3 所示。

（3）接好高低压插接件。

（4）分别扣上小支架和水箱上横梁上面的扎带孔位。

（5）拧紧 2 个搭铁螺栓，如图 6-3-3 所示。

6.3.2 吉利帝豪 EV300 充电系统维修更换要点

1. 直流充电插座的更换

（1）打开前机舱，断开蓄电池负极连接线，按照本书 1.3.3 所示方法拆卸手动维修开关。在举升机上拆卸左后轮和左后轮罩衬板。

（2）举升车辆，在车底断开动力电池上的直流充电高压线束插接器，如图 6-3-4 所示。

（3）拆卸 2 个直流充电高压线束的固定螺母，脱开直流高压线束，如图 6-3-5 所示。

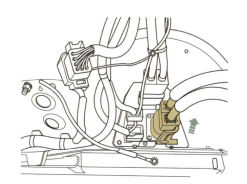
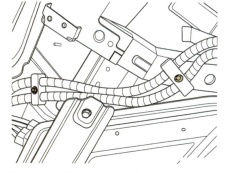

图 6-3-4　断开动力电池上直流充电高压线束插接器　　图 6-3-5　拆卸直流充电高压线束的固定螺母

（4）在车底动力电池安装支架左侧脱开直流充电高压线束固定线卡，如图 6-3-6 所示。

（5）拆卸直流充电插座固定螺栓，如图 6-3-7 所示。

（6）首先拆卸直流充电插座搭铁线固定螺栓，脱开搭铁线束，如图 6-3-8 所示；第二步使用环箍钳拆卸直流充电插座线束胶套环箍；第三步断开直流充电插座线束插接器；最后脱开直流充电插座高压线束固定支架，取出直流充电插座总成。

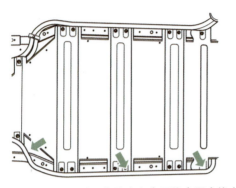

图 6-3-6 脱开直流充电高压线束固定线卡

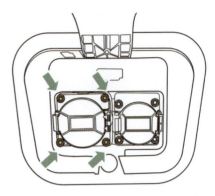

图 6-3-7 拆卸直流充电插座固定螺栓

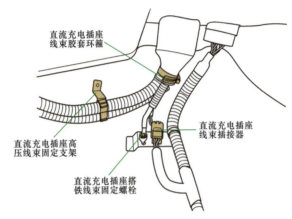

图 6-3-8 拆卸插接器及支架

2. 交流充电插座的更换

（1）打开前机舱，断开蓄电池负极连接线，按照本书 1.3.3 所示方法拆卸手动维修开关。在举升机上拆卸左后轮和左后轮罩衬板。

（2）在前机舱内断开车载充电机上的 2 个交流高压线束插接器，如图 6-3-9 所示。

（3）举升车辆，断开动力电池上的交流充电高压线束插接器，如图 6-3-10 所示。

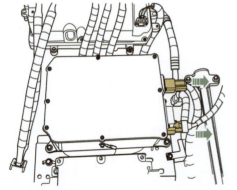

图 6-3-9 断开车载充电机上的 2 个交流高压线束插接器（2017 以前车型）

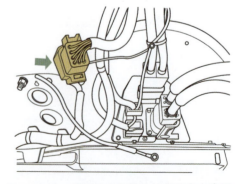

图 6-3-10 断开动力电池上的交流充电高压线束插接器

（4）从车辆底部动力电池安装支架右侧脱开交流充电高压线束固定线卡，如图 6-3-11 所示。

（5）从车辆后部脱开交流充电高压线固定线卡，如图 6-3-12 所示。

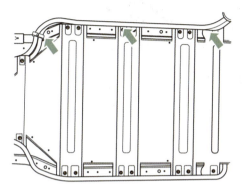
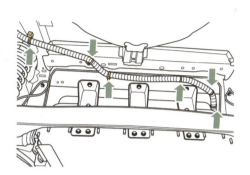

图 6-3-11　交流充电高压线束固定线卡位置　　　图 6-3-12　车辆后部交流充电高压线固定线卡

（6）拆卸交流充电插座的 4 个固定螺栓，如图 6-3-13 所示。

（7）断开交流充电插座线束插接器，脱开交流充电插座高压线固定线卡，取出交流充电插座。

3. 车载充电机、充电机冷却水管的更换

（1）打开前机舱，断开蓄电池负极连接线，按照本书 1.3.3 所示方法拆卸手动维修开关。

（2）从车载充电机上断开高压线束插接器，如图 6-3-14 所示。

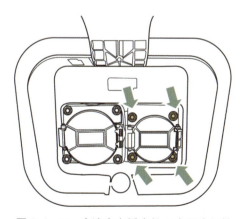
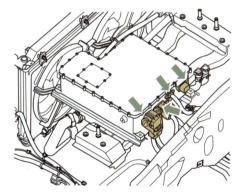

图 6-3-13　交流充电插座的 4 个固定螺栓　　　图 6-3-14　车载充电机上的高压线束插接器

（3）首先拆卸车载充电机搭铁线固定螺栓，如图 6-3-15 所示；再拆卸车载充电机的 4 个固定螺栓（图 6-3-15）；最后断开车载充电机与电机控制器连接的高压线束，如图 6-3-15 所示。

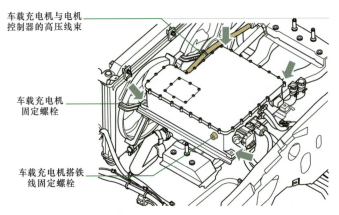

图 6-3-15 拆卸搭铁线、固定螺栓和高压线束

（4）使用环箍钳拆卸车载充电机出水管环箍（电机侧），断开车载充电机出水管，如图 6-3-16 所示。

（5）拆卸车载充电机进水管接头（电机控制器侧），脱开车载充电机进水管，取出车载充电机及水管，如图 6-3-17 所示。

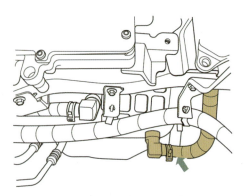

图 6-3-16 拆卸环箍、断开出水管（电机侧）

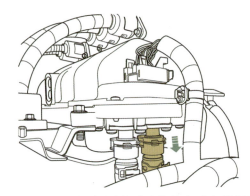

图 6-3-17 拆卸车载充电机进水管接头（电机控制器侧）

注意：
水管脱开前先在车底放置容器接住防冻液。

（6）使用环箍钳分别拆卸车载充电机进、出水管环箍，并从车载充电机上取下进、出水管，如图 6-3-18 所示。

4. 充电口照明灯的更换

（1）打开前机舱，断开蓄电池负极连接线，在举升机上拆卸左后轮和左后轮罩衬板。

（2）打开充电接口盖，用一字螺丝刀包软布撬下充电接口照明灯组件，如图 6-3-19 所示。

（3）举升车辆，从左后轮罩衬板内侧找到充电接口照明灯插接器并断开，最后取下充电照明灯，如图 6-3-20 所示。

安装按照与拆卸相反的顺序进行即可。

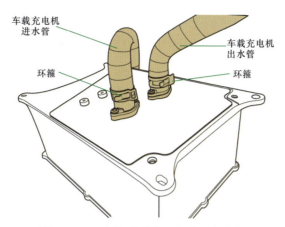

图 6-3-18　拆卸车载充电机进、出水管

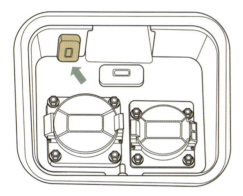

图 6-3-19　充电接口照明灯组件

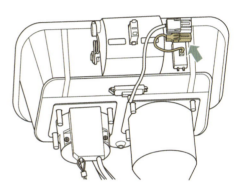

图 6-3-20　充电接口照明灯插接器

5. 充电指示灯的更换

（1）打开前机舱，断开蓄电池负极连接线，在举升机上拆卸左后轮和左后轮罩衬板。

（2）打开充电接口盖，用一字螺丝刀包软布撬下充电指示灯组件，如图 6-3-21 所示。

（3）举升车辆，从左后轮罩衬板内侧找到充电指示灯插接器并断开，最后取下充电指示灯，如图 6-3-22 所示。

安装按照与拆卸相反的顺序进行即可。

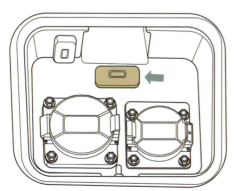

图 6-3-21　充电指示灯组件

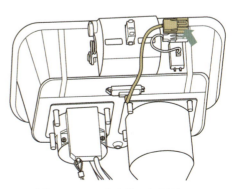

图 6-3-22　充电指示灯插接器

第 7 章 电动汽车电气系统

7.1 电动汽车电路图识读

7.1.1 电动汽车电路识读一般方法

1. 汽车电路图基础

汽车电路图是用国家标准规定的线路符号，对汽车电器的构造组成、工作原理、工作过程及安装要求所做的图解说明，也包括图例及简单的结构示图。电路图中表示的是不同电路相互之间的关系及彼此之间的连接，通过对电路图的识读，可以认识并确定电路图上所画电气元件的名称、型号和规格，清楚地掌握汽车电气系统的组成、相互关系、工作原理和安装位置，便于对汽车电路进行维修、检查、安装、配线等工作。

因为汽车电气元件的外形和结构比较复杂，所以采用国家统一规定的图形符号和文字符号来表示电气元件的不同种类、规格及安装方式。

为了详细表示实际设备或成套装置电路的全部基本组成和连接关系，便于详细理解作用原理，需要绘制电路原理图（也称电路图或电气线路图）。

所谓电路图是根据国家颁布的有关技术标准，用图形符号、文字符号以统一规定的方法，把电路画在图纸上。它是电气技术中使用最广泛的一种重要的电路简图，具有电路清晰、简单明了，便于理解电路原理的特点。

汽车电路图是用电气图形符号，按工作顺序或功能布局绘制的，详细表示汽车电路的全部组成和连接关系，不考虑实际位置的简图。汽车电路图的特点如表 7-1-1 所示。

表 7-1-1　汽车电路图的特点

特点	描述
对全车电路有完整的概念	它既是一幅完整的全车电路图，又是一幅互相联系的局部电路图，重点、难点突出，繁简适当
图上建立起电位高低的概念	负极搭铁电位最低，用图中最下面一条导线表示；正极火线电位最高，用最上面的一条导线表示。电流方向基本上是从上到下，电流流向从电源正极→开关→用器→搭铁→电源负极，节省了迂回曲折走迷路的时间
尽可能减少导线的曲折与交叉	调整位置，合理布局，图面简洁清晰，图形符号参照元件外形和内部结构，便于联想分析，易读、易画
电路系统的相互关联关系清楚	发电机与蓄电池间,各电路系统之间连接点尽量保持原位，熔断器、开关、仪表的接法与原图吻合。其缺点是图形符号不规范，易各行其道，不利交流

2. 电路图具有以下用途

（1）便于详细理解表达对象的线路布置；
（2）为检测、寻找故障、排除故障提供信息；
（3）为绘制接线图提供依据（有时需借助于结构图样补充信息）。

由于电路图描述的连接关系仅仅是功能关系，而不是实际的连接导线，因此电路图不能代替敷线图。

3. 识读方法

由于各国汽车电路图的绘制方法、符号标注、文字标注、技术标准的不同，各汽车生产厂家，汽车电路图的画法有很大差异，甚至同一国家不同公司汽车电路图的表示方法也存在较大的差异，这就给读图带来许多麻烦，因此，掌握汽车电路图识读的基本方法显得十分重要。汽车电路图一般识读方法如表 7-1-2 所示。

表 7-1-2　汽车电路图一般识读方法

方法	描述
认真阅读图注	认真阅读图注，了解电路图的名称、技术规范，明确图形符号的含义，建立元器件和图形符号间一一对应关系，这样才能快速准确地识图

续表

方法	描述
掌握回路的原则	在电学中，回路是一个最基本、最重要，同时也是最简单的概念，任何一个完整的电路都由电源、用电器、开关、导线等组成。一个用电器要想正常工作，总要得到电能。对于直流电路而言，电流总是要从电源的正极出发，通过导线，经熔断器、开关到达用电器，再经过导线（或搭铁）回到同一电源的负极，在这一过程中，只要有一个环节出现错误，此电路就不会正确、有效
	从电源正极出发，经某用电器（或再经其他用电器），最后又回到同一电源的正极，由于电源的电位差（电压）仅存在于电源的正负极之间，电源的同一电极是等电位的，没有电压。这种"从正到正"的途径是不会产生电流的
	在汽车电路中，发电机和蓄电池都是电源，在寻找回路时，不能混为一谈，不能从一个电源的正极出发，经过若干用电设备后，回到另一个电源的负极，这种做法，不会构成一个真正的通路，也不会产生电流。所以必须强调，回路是指从一个电源的正极出发，经过用电器回到同一电源的负极
开关是控制电路通断的关键，电路中主要的开关往往汇集许多导线，如点火开关、车灯总开关。读图时应注意与开关有关的5个问题	在开关的许多接线柱中，注意哪些是接直通电源的？哪些是接用电器的？接线柱旁是否有接线符号？这些符号是否常见
	开关共有几个挡位？在每个挡位中，哪些接线柱通电？哪些断电
	蓄电池或发电机的电流是通过什么路径到达这个开关的？中间是否经过别的开关和熔断器？这个开关是手动的还是电控的
	各个开关分别控制哪个用电器？被控用电器的作用和功能是什么
	在被控的用电器中，哪些电器处于常通？哪些电路处于短暂接通？哪些应先接通，哪些应后接通？哪些应单独工作？哪些应同时工作？哪些电器允许同时接通
了解汽车电路图的一般规律	电源部分到各电器熔断器或开关的导线是电气设备的公共火线，在电路原理图中一般画在电路图的上部
	标准画法的电路图，开关的触点位于零位或静态，即开关处于断开状态或继电器线圈处于不通电状态，晶体管、晶闸管等具有开关特性的元件的导通与截止视具体情况而定
	汽车电路是单线制，各电器相互并联，继电器和开关串联在电路中
	大部分用电设备都经过熔断器，受熔断器的保护
	把整车电路按功能及工作原理划分成若干独立的电路系统，这样可解决整车电路庞大复杂、分析起来困难的问题。现在汽车整车电路一般都按各个电路系统来绘制，如电源系统、起动系统、点火系统、照明系统、信号系统等，这些单元电路都有它们自身的特点，抓住特点把各个单元电路的结构、原理吃透了，理解整车电路也就容易了

续表

方法	描述
识图的一般方法	分析各系统的工作过程、相互间的联系： 在分析某个电气系统之前，要清楚该电气系统所包含各部件的功能、作用和技术参数等。在分析过程中应特别注意开关、继电器触点的工作状态，大多数电气系统都是通过开关、继电器不同的工作状态来改变回路，实现不同功能的
	通过对典型电路的分析，达到触类旁通： 许多车型汽车电路原理图，很多部分都是类似或相近的，这样，通过一个具体的例子，举一反三，对照比较，触类旁通，可以掌握汽车的一些共同的规律，再以这些共性为指导，了解其他型号汽车的电路原理，又可以发现更多的共性以及各种车型之间的差异
注意导线颜色	单色导线：绝缘表面为一种颜色的导线。 双色导线：绝缘表面为两种颜色的导线。 主色：双色导线中面积比例大的颜色。 辅助色：双色导线中面积比例小的颜色

7.1.2 吉利帝豪 EV300 电路图识读

吉利帝豪 EV300 电路图识读示例如图 7-1-1 和图 7-1-2 所示。

1. 电路图中的数字释意

（1）系统名称。

（2）线束插接器编号。

线束插接器的编号规则以线束为基准，例如动力线束中的动力电池线束插接器编号为 EP41，其中 EP 为线束代码，41 为插接器序列号。

表 7-1-3 所示为各代码代表的线束。

表 7-1-3 各代码代表的线束

定义	线束名称
CA	前机舱线束
EP	动力线束、高压配电线束
IP	仪表线束
SO	底板线束、后背门线束

定义	线束名称
DR	门线束
RF	室内灯（顶棚）线束
C	室内熔断丝、继电器盒

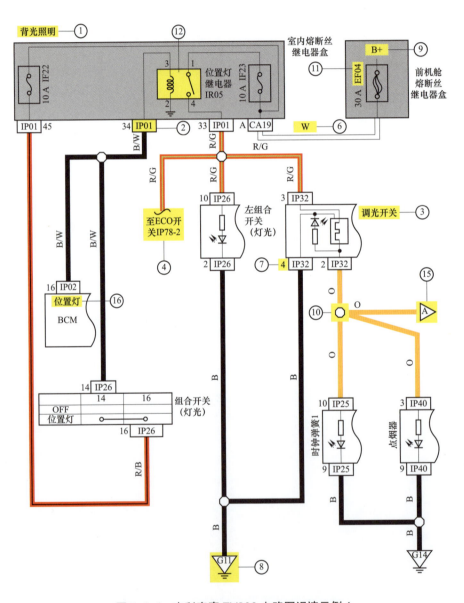

图 7-1-1　吉利帝豪 EV300 电路图识读示例 1

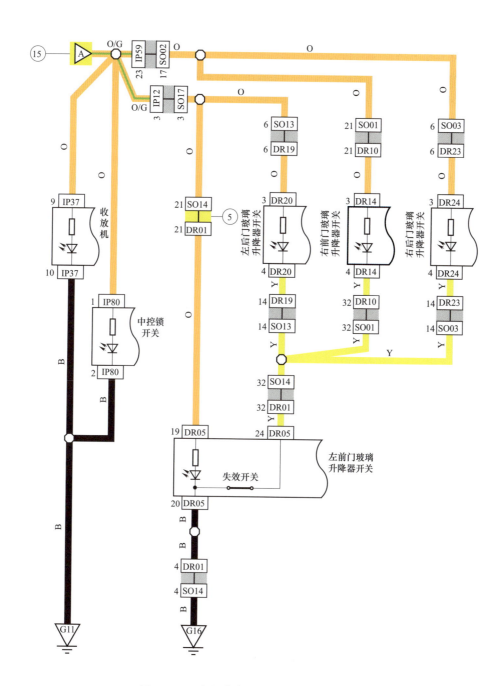

图 7-1-2 吉利帝豪 EV300 电路识读示例 2

注意：

① 门线束定义包括四个车门线束。

②线束插接器编号详细参见线束布置图。

(3) 部件名称。

(4) 表示此电路连接的相关系统信息。

(5) 插头间连接采用细实线表示,并用灰色阴影覆盖,用于与物理线束进行区别。物理线束用粗实线表示,颜色与实际导线颜色一致。

(6) 表示导线颜色,导线颜色代码如表 7-1-4 所示。

表 7-1-4 导线颜色代码

颜色代码	导线颜色
B	黑色
Gr	灰色
Br	棕色
L	蓝色
G	绿色
R	红色
Y	黄色
O	橙色
W	白色
V	紫色
P	粉色
Lg	浅绿色
C	天蓝色

如果导线为双色线,则第一个字母显示导线底色,第二个字母显示条纹色,中间用"/"分隔。

例如:标注为 G/B 的导线即为绿色底黑色条纹。

(7) 显示接插件的端子编号,注意相互插接的线束插接器端子编号顺序互为镜像,如图 7-1-3 所示。

(8) 接地点编号,所有线束接地点以 G 开头的序列编号标识。接地点位置详细参见接地点布置图。

(9) 供给于熔断器上电源类型。

(10) 导线节点,如图 7-1-4 所示。

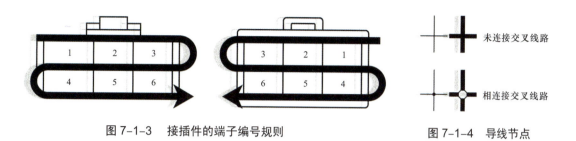

图 7-1-3　接插件的端子编号规则　　　　图 7-1-4　导线节点

（11）熔断丝编号由熔断丝代码和序列号组成，位于前机舱的熔断丝代码为 EF，室内熔断丝代码为 IF，分线盒内的熔断丝代码为 HF。熔断丝编号详细参见熔断丝列表。

（12）继电器编号用单个英文字母标识，详细参见继电器列表。

（13）如果由于车型、配置不同而造成相关电路设计不同，在线路图中用虚线标示，并在线路旁添加说明，如图 7-1-5 所示。

（14）如果电路线与线之间使用 8 字形标识，表示此电路为双绞线，主要用于传感器的信号电路或数据通信电路，如图 7-1-6 所示。

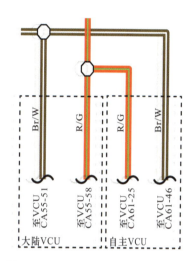

图 7-1-5　不同车型的电路表现形式

（15）如果一个系统内容较多，线路需要用多页表示时，线路起点用 ▷ 表示，线路到达点则用 ◁ 表示，如一张图中有一条以上的线路转入下页，则分别以 B、C 等字母表示，以此类推，如图 7-1-7 所示。

（16）端子名称。

2. 元器件符号

吉利帝豪 EV300 电路图中的元器件符号如表 7-1-5 所示。

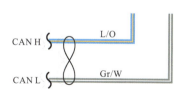

图 7-1-6　双绞线标识

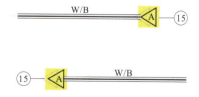

图 7-1-7　转下页/接上页标识

表 7-1-5　吉利帝豪 EV300 电路图中的元器件符号

符号	名称	符号	名称	符号	名称
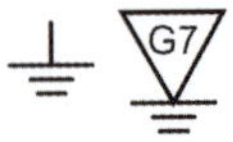	接地	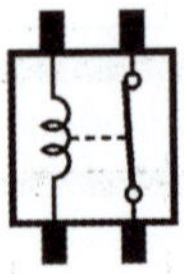	常闭继电器	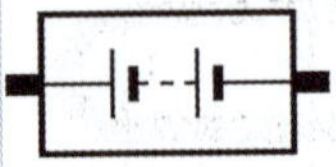	蓄电池
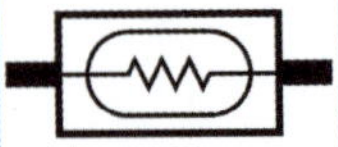	温度传感器	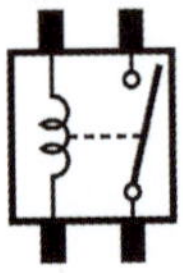	常开继电器	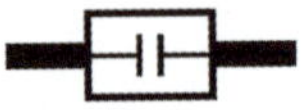	电容
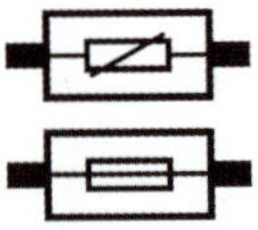	短接片	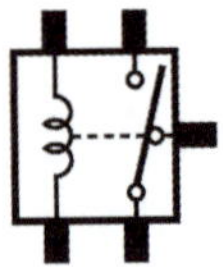	双掷继电器	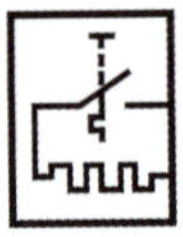	点烟器
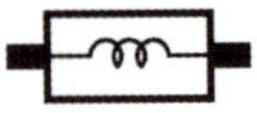	电磁阀	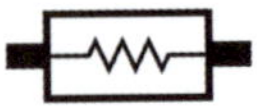	电阻		天线
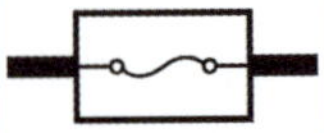	小负载熔断丝	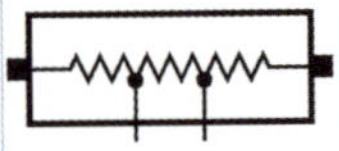	电位计	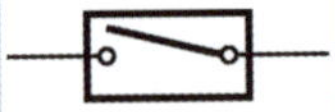	常开开关
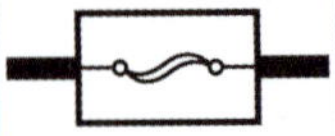	中负载熔断丝		可变电阻器		常闭开关
	大负载熔断丝	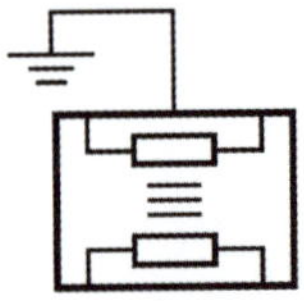	点火线圈	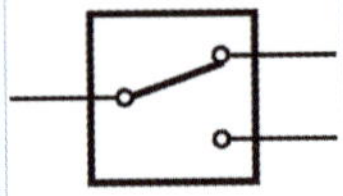	双掷开关
	加热器	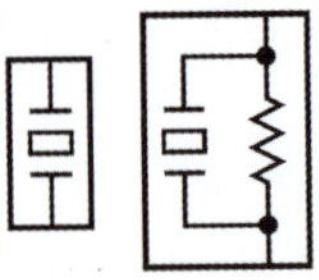	爆震传感器	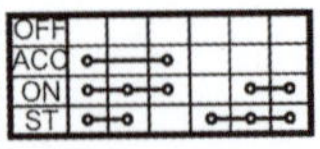	点火开关
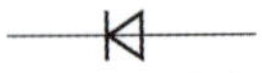	二极管		灯泡		双绞线
	电动机		时钟弹簧	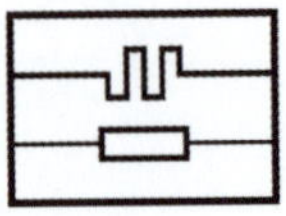	氧传感器

续表

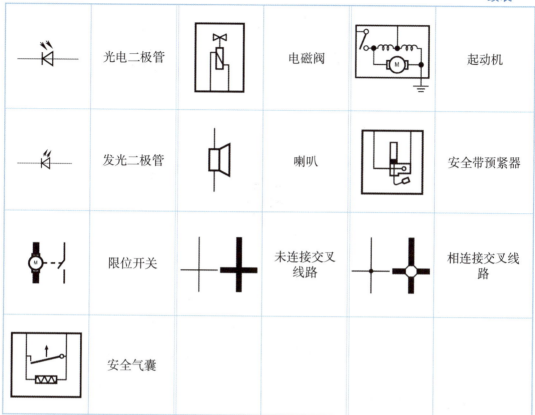

7.2 电动汽车空调系统

电动汽车空调系统和传统燃油汽车空调系统工作原理相同,只是空调压缩机的驱动方式以及暖风产生方式有所不同。电动汽车采用高压电动空调压缩机,由动力电池驱动。暖风通常采用电加热方式,电加热方式有两种:一种是通过加热冷却液,再经过循环为暖水箱提供热量;另一种是直接加热经过蒸发箱的空气实现暖风。

7.2.1 电动汽车空调制冷系统

电动汽车空调制冷系统组成与传统汽车类似,由空调压缩机、冷凝器、膨胀阀、蒸发器及管路组成。只是空调压缩机的驱动形式不同,由传统汽车的皮带驱动式改为电动驱动式。宝马 F18 PHEV 插电式电动汽车空调制冷系统组成如图 7-2-1 所示。

空调制冷剂循环过程如图 7-2-2 所示。

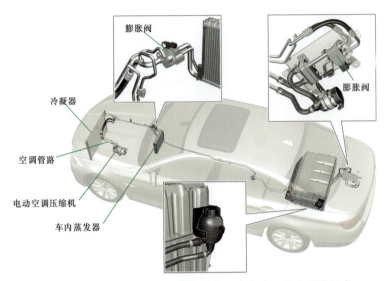

图 7-2-1 宝马 F18 PHEV 插电式电动汽车空调制冷系统组成

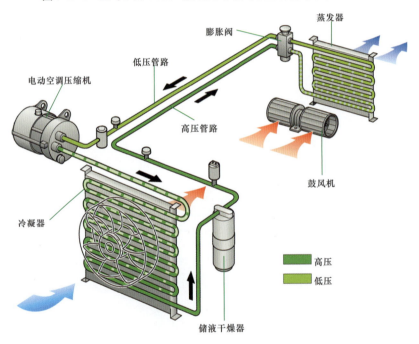

图 7-2-2 空调制冷剂循环过程

1. 电动空调压缩机

电动空调压缩机一般采用螺旋式压缩机（也称涡流式），电动空调压缩机的电功率一般为 5 kW。螺旋式电动空调压缩机由螺旋形内盘和螺旋形外盘组成，如图 7-2-3 所示。

电动空调压缩机的螺旋形内盘由三相交流同步电机通过一个轴驱动并进行偏心旋转。通过固定式螺旋形外盘上的两个开口吸入低温低压气态制冷剂。然后通过两个螺旋形内盘的移动使制冷剂压缩变热，如图 7-2-4 所示。

转动三圈后，吸入的制冷剂压缩、变热，可通过外盘中部的开口以气态形式释放。高温高压气态制冷剂从此处经油水分离器向冷凝器方向流至空调压缩机接口。电动空调压缩机最高转速可达到 8 600 r/min，可产生约 30 bar[①]的最大工作压力。

宝马 i8 电动空调压缩机通过三个螺栓和一个固定支架安装在变速器上，但与变速器没有机械连接关系，如图 7-2-5 所示。

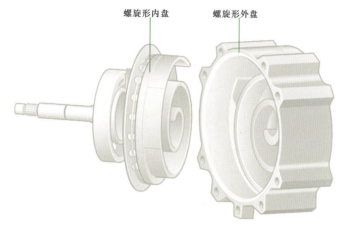

图 7-2-3　螺旋式电动空调压缩机的结构

图 7-2-4　螺旋式电动空调压缩机的工作原理

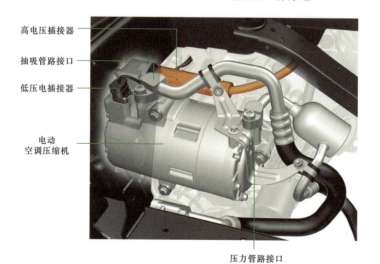

图 7-2-5　宝马 i8 电动空调压缩机

---

① 1 bar=0.1 MPa。

2. 冷凝器

冷凝器是用于将制冷剂所含的热量释放，并将制冷剂由气态转变成液态的热交换器。冷凝器安装在车辆的前部，风扇将风吹过散热装置，以利于排出热量。来自压缩机的制冷剂以高温高压的气态形式从顶部进入冷凝器。当经过冷凝器时，制冷剂释放所含的大量热量并凝集在底部。在冷凝器出口，制冷剂处于高压低温液态。冷凝器的工作原理如图7-2-6所示。

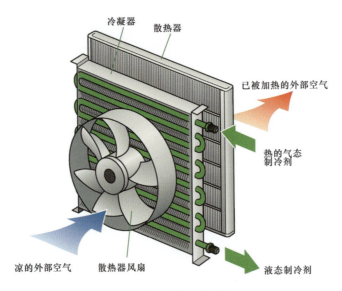

图 7-2-6　冷凝器的工作原理

3. 膨胀阀

膨胀阀的作用是使从冷凝器过来的高温高压液体制冷剂通过膨胀阀的节流降压成为容易蒸发的低温低压雾状制冷剂进入蒸发器，即分开了制冷剂的高压侧和低压侧。膨胀阀可以自动调节制冷剂流量，它根据制冷负荷的改变和压缩机转速的变化，自动调节制冷剂进入蒸发器的流量以满足制冷循环的需要。膨胀阀的结构如图7-2-7所示。

4. 蒸发器

蒸发器是一个热交换器，减压后的制冷剂以液/气态进入蒸发器，蒸发器中的制冷剂吸收进入车内的外部空气的热量，制冷剂蒸发。在蒸发器出口处，制冷剂呈低压低温

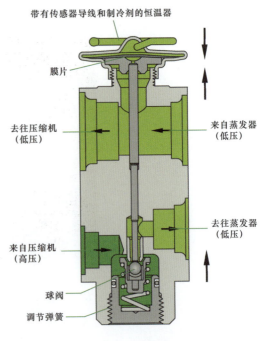

图 7-2-7　膨胀阀的结构

气态。

在蒸发器处安装有蒸发器温度传感器来测量蒸发器温度,当蒸发器温度低于一定温度时空调停止运转,防止蒸发器结霜、结冰。当蒸发器温度高于一定温度时,空调系统才能重新接通,是空调电气控制系统的一个保护性传感元件。蒸发器的工作原理如图 7-2-8 所示。

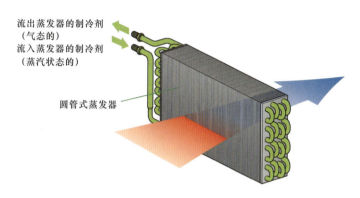

图 7-2-8 蒸发器的工作原理

7.2.2 电动汽车空调送风系统

新能源汽车送风系统与传统汽车基本相似,空气通过蒸发器或热交换器形成冷风或暖风,根据驾驶员的需要输送到指定出风口。

新能源汽车送风系统的组成包括鼓风机、风道、空气翻板和出风口等,如图 7-2-9 所示。

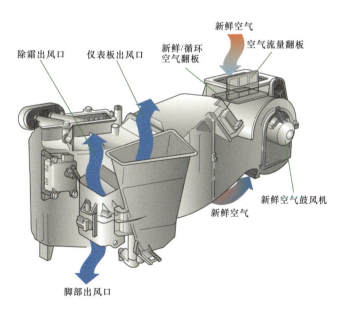

图 7-2-9 空调送风系统组成

1. 空调制冷模式送风

空调制冷模式下,外界温度较高的暖新鲜空气在鼓风机的作用下经过蒸发器,将温度降低。同时此模式下通往加热器的通道被关闭。被蒸发器降低温度后的空气在驾驶员设置的出风口吹出,如图 7-2-10 所示。

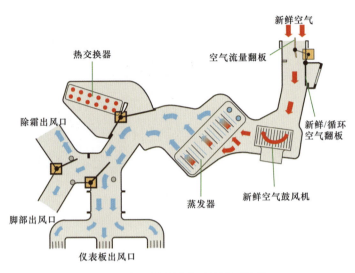

图 7-2-10 空调制冷模式下的送风模式

2. 暖风模式的送风

外界温度较低,空调开启暖风模式,电动空调压缩机不工作。外界温度较低的新鲜空气在鼓风机的作用下吹过蒸发器(此时蒸发器不工作),温度翻板打开通往加热器的通道,新鲜空气流过加热器表面,温度升高,再从驾驶员设置的出风口吹出,如图 7-2-11 所示。

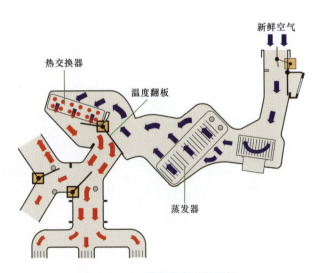

图 7-2-11 暖风模式下的送风

3. 混合模式下的送风

外界温度低但与车内温度相差不大（如外界温度15℃，需要设置车内温度为22℃），此时外界新鲜空气在鼓风机的作用下流经蒸发器以便冷却下来，但此时这个新鲜空气温度太低了，因此有一部分新鲜空气就被送到热交换器，流经热交换器后的暖空气和流经蒸发器后的冷空气再次混合形成较暖的空气，从驾驶员设置的出风口吹出，如图7-2-12所示。

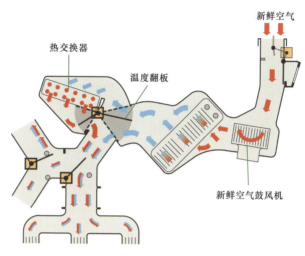

图 7-2-12　混合模式下的送风

7.2.3　电动汽车空调制暖系统

纯电动汽车没有传统汽车的发动机，没有了热源，因此需要靠PTC加热器的热能来采暖。PTC是正温度系数（Positive Temperature Coefficient）的英文缩写。

PTC加热器如图7-2-13所示，采用热敏陶瓷元件，由若干单片组合后与波纹散热铝条经高温胶黏结而成，具有热阻小、换热效率高的显著优点。它的最大特点在于安全性，即遇风机故障堵转时，PTC加热器因得不到充分散热，功率会自动急剧下降，此时加热器的表面温度维持限定温度（一般为240℃左右），从而不致产生电热管类加热器表面的"发红"现象，从而排除了发生事故的隐患。

图 7-2-13　PTC加热器

电动汽车空调制热系统的工作原理如图7-2-14所示，当空调处于加热模式时，加热器在高压电的作用下对冷却液进行加热，高温冷却液被加热器水泵抽入加热器芯。同时，冷暖温度控制电机将温度控制装置转至采暖位置，部分或全部气流在鼓风机的作用下旁通至加热器芯，产生热量传递。任何不用加热的空气，将在进入乘客舱前与加热后的空气混合，获得相应混合好的温度合适的空气。

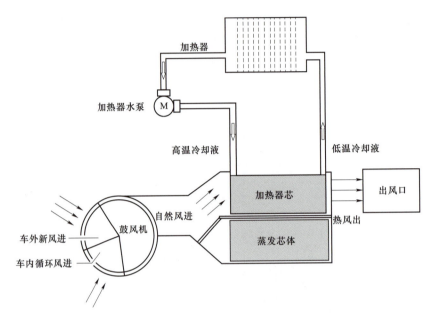

图 7-2-14　电动汽车空调制热系统的工作原理

7.3　电动汽车转向系统

现代汽车上配置的助力转向系统大致分为三类：

第一类：机械式液压助力转向系统。

第二类：电子液压助力转向系统。

第三类：电动助力转向系统（EPS）。

广汽新能源 AG 汽车上采用电子液压助力转向系统，系统工作不受发动机有无或是否起动等因素的影响。

电子液压助力转向系统是在机械式液压助力转向系统的基础上增设电动转向泵和电子控制装置，取代发动机驱动的液力转向泵。

在高速行驶时，电子液压助力转向系统通过减小转向角度与行驶速度相关的转向助力，达到最大的节能效应。

电子液压助力转向系统在保持传统的机械式液压助力转向系统的优良性能的同时，这套系统还具备以下优点：

(1) 更舒适：车辆在规定速度范围内行驶时，方向盘转动十分轻松。

(2) 节约燃料：能量的输入量、消耗量与发动机的工作状态无关。

电子液压转向系统的组成和控制系统组成分别如图 7-3-1、图 7-3-2 所示。

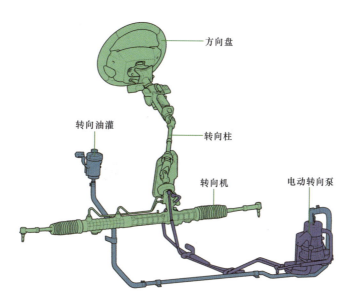

图 7-3-1 电子液压转向系统的组成

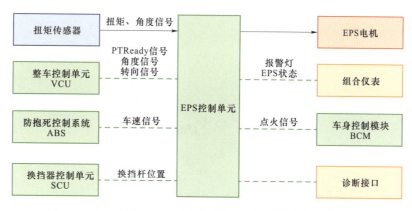

图 7-3-2 电子液压转向系统（EPS）的控制系统组成

吉利帝豪 EV300、荣威 E50 电动汽车采用电动助力转向系统（EPS）。电动助力转向系统（EPS）是一种直接依靠电动机提供辅助扭矩的动力转向系统。

根据电动机布置位置不同，EPS 可分为转向柱助力式、齿轮助力式和齿条助力方式三种：

（1）转向柱助力式。助力电动机固定在转向柱一侧，通过减速机构与转向轴相连，直接驱动转向柱助力转向。吉利帝豪 EV300、荣威 E50 电子液压转向系统就是这种方式，如图 7-3-3 所示。

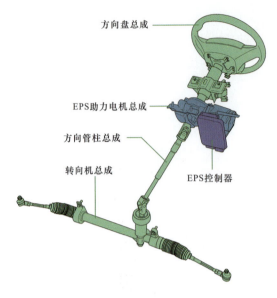

图 7-3-3 转向柱助力式

（2）齿轮助力式。助力电动机和减速机构与小齿轮相连，直接驱动齿轮助力转向。北汽 EV200 电动汽车采用这种方式，如图 7-3-4 所示。

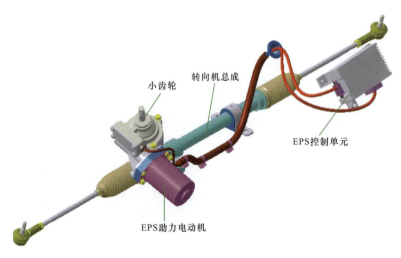

图 7-3-4 齿轮助力式（北汽 EV200）

（3）齿条助力式。助力电动机和减速机构直接驱动齿条提供助力。

不同类型的 EPS 基本原理是相同的：扭矩传感器与转向轴（小齿轮轴）连接一起，当转向轴转动时，扭矩传感器开始工作，把输入轴和输出轴在扭杆作用下产生的相对转动位移变成电信号传给 ECU，ECU 根据车速传感器和扭矩传感器的信号决定电动机的旋转方向和助力电流的大小，从而完成实时控制助力转向。因此它可以很容易地实现在车速不同时提供电动机不同的助力效果，保证汽车在低速行驶时轻便灵活，高速行驶时稳定可靠，因此 EPS 转向特性的设置具有较高的自由度。

电动助力转向系统主要由动力转向控制模块、动力转向电动机、扭矩传感器、动力转向减速机构和动力转向机总成等组成。电动助力转向系统各部件功能如表7-3-1所示。

表7-3-1　电动助力转向系统各部件功能

部件	描述
动力转向控制模块	根据扭矩传感器信号和车速传感器信号，进行逻辑分析与计算后，发出指令，控制电动机动作。此外，ECU还有安全保护和自我诊断功能，ECU通过采集车速、扭矩、角度VCU等信号判断其系统工作状况是否正常，一旦系统工作异常，助力将自动取消，同时ECU将进行故障诊断分析
动力转向电动机	根据电子控制单元的指令输出适宜的辅助扭矩，是EPS的动力源，多采用无刷永磁式直流电动机。电动机对EPS的性能有很大影响，是EPS的关键部件之一，所以EPS对电动机有很高要求，不仅要求低转速大扭矩、波动小、转动惯量小、尺寸小、质量轻，而且要求可靠性高、易控制
动力转向机总成	与传统燃油汽车转向机结构原理相同，是汽车转向系统的最终执行机构，这里不再详细说明
扭矩传感器	集成在转向管柱内部，其功能是测量驾驶员作用在方向盘上的力矩大小与方向，以及方向盘转角的大小和方向，是EPS的控制信号。扭矩测量系统比较复杂且成本较高，所以精确、可靠、低成本的扭矩传感器是决定EPS能否占领市场的关键因素之一。目前采用较多的是在转向轴位置加一扭杆，通过测量扭杆的变形得到扭矩。另外也有采用非接触式扭矩传感器
减速机构	与电动机相连，起降速增扭作用。常采用蜗轮蜗杆机构，也有采用行星齿轮机构。有的EPS还配用离合器，装在减速机构一侧，是为了保证EPS只在预先设定的车速行驶范围内起作用。当车速达到某一值时，离合器分离，电动机停止工作，转向系统转为手动转向。另外，当电动机发生故障时，离合器将自动分离

7.4　电动汽车电动制动系统

1. 新能源汽车电动制动系统概述

新能源汽车制动系统和传统燃油汽车区别不大，最主要的区别是提供真空助力的形式不同。传统燃油汽车真空助力装置的真空源来自发动机进气歧管。而新能源汽车没有发动机或发动机不是在任何工况都工作，即没有了提供真空源的源泉，于是新能源汽车便单独设计了一个电动真空泵为真空助力器提供真空源。新能源汽车的这种真空助力方式称为电动真空助力系统。新能源汽车电动真空助力系统示意图如图 7-4-1 所示。

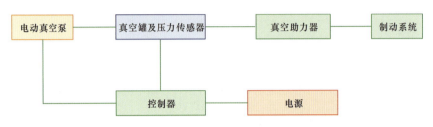

图 7-4-1　电动汽车电动真空助力系统示意图

2. 真空泵和真空罐工作原理

真空泵的主要作用是将真空罐内的空气抽出，使真空罐获得真空状态。真空罐用于储存真空，并通过真空传感器感知真空度并把信号发送给真空罐控制器。北汽 EV200 真空泵和真空罐如图 7-4-2 所示。

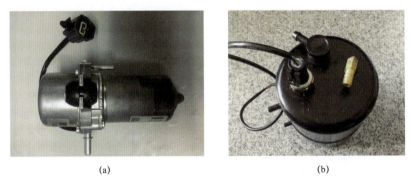

(a)　　　　　　　　　　(b)

图 7-4-2　北汽 EV200 真空泵和真空罐
（a）真空泵；（b）真空罐

电动真空助力系统的工作过程为：当驾驶员发动汽车时，12 V 电源接通，电子控制器开始自检，如果真空罐内的真空度小于设定值，真空压力传感器输出相应电压值至控制器，此时控制器控制电动真空泵开始工作，当真空度达到设定值后，真空压力传感器输出相应电压值至控制器，此时控制器控制真空泵停止工作，当真空罐内的真空度因制动消耗，真空度小于设定值时，电动真空泵再次开始工作，如此循环。

3. 比亚迪 e6 制动系统的常见故障诊断流程

（1）制动时制动踏板下沉 / 逐渐失灵。

制动时制动踏板下沉 / 逐渐失灵故障诊断流程如图 7-4-3 所示。

（2）制动片磨损异常，汽车振动或踏板高而难踩。

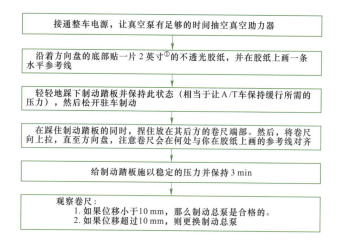

图 7-4-3　制动时制动踏板下沉/逐渐失灵故障诊断流程

制动片磨损异常，汽车振动或踏板高而难踩故障诊断流程如图 7-4-4 所示。

图 7-4-4　制动片磨损异常，汽车振动或踏板高而难踩故障诊断流程

如果上述任何一项损坏，请予以更换；如果以上项目良好，则更换 ABS 液压单元。

---

① 1 英寸 =0.025 4 米。

参 考 文 献

[1] 缑庆伟，李卓. 新能源汽车原理与检修［M］. 北京：机械工业出版社，2016.
[2] 侯涛. 纯电动汽车结构与检修［M］. 北京：人民交通出版社，2018.
[3] 钱锦武. 新能源汽车储能装置与管理系统［M］. 北京：人民交通出版社，2018.
[4] 黄文进，尹爱华. 新能源汽车电学基础与高压安全［M］. 北京：机械工业出版社，2017.
[5] 贾利军，尹力卉. 新能源汽车概论［M］. 北京：机械工业出版社，2017.
[6] 罗英，周梅芳. 新能源汽车概论［M］. 北京：机械工业出版社，2017.
[7] 朱学军. 混合动力汽车结构与检修［M］. 北京：人民交通出版社，2018.
[8] 唐勇，王亮. 新能源汽车电气技术［M］. 北京：人民交通出版社，2017.
[9] 敖东光，宫英伟，陈荣梅. 电动汽车结构原理与维修［M］. 北京：机械工业出版社，2017.
[10] 崔胜民. 新能源汽车技术解析［M］. 北京：化学工业出版社，2017.
[11] 李伟. 新能源汽车构造原理与故障检修［M］. 北京：化学工业出版社，2016.